JULIA STRZIGA · HEIRATEN ZWISCHEN MÜNCHEN UND DEN ALPEN

Allitera Verlag

JULIA STRZIGA wuchs in St. Petersburg, Hausham und München auf. Die schönsten Plätze zwischen der Landeshauptstadt und den Alpen kennt sie in- und auswendig! Nach ihrem Touristikstudium verschlug es sie zunächst mit einem VW Bus an die Küsten Europas. Inzwischen hat sie eine mehrere Monate lange Weltreise hinter sich, arbeitet als Senior-Projektleitung im Online Marketing und betreibt seit 2016 das Hochzeits-Blogazine *isarweiss* für München und Umgebung. Ihre Liebe gilt den schönen Momenten des Lebens. Sie ist selbst seit mehreren Jahren verheiratet und hat ein Kind.

JULIA STRZIGA

HEIRATEN

ZWISCHEN MÜNCHEN
UND DEN ALPEN

Ein regionaler Wedding Guide

Allitera Verlag

Originalausgabe Oktober 2019
Allitera Verlag
Ein Verlag der Buch&media GmbH, München
© 2019 Buch&media GmbH, München
Idee zum Buch: Vanessa von Proff
Redaktion: Dietlind Pedarnig
Layout, Satz und Umschlag: Franziska Gumpp
Gesetzt aus der Playfair Display
Umschlaggestaltung unter Verwendung einer Fotografie von
zelle duda via Unsplash
ISBN 978-3-96233-097-2 · Printed in Europe

Allitera Verlag
Merianstraße 24 · 80637 München
info@allitera.de · www.allitera.de

INHALT

VORWORT

Liebe Leserinnen und Leser,
liebe Bride-to-be, Groom-to-be und zukünftige Brautpaare,

hach, die Liebe …! Es ist eine wundervolle Zeit zu heiraten und die Liebe zu feiern. Noch nie standen die Möglichkeiten so offen, den großen Tag ganz nach den eigenen Wünschen und Vorstellungen zu gestalten. Das Thema Hochzeit hat längst sein verstaubtes, konservatives Korsett aus »Man macht das so!« abgeworfen. Und Heiraten – von München bis hin zu den Alpen – kann so individuell und einzigartig sein wie eure Wünsche, Träume, Werte, Ideen und Lebenswege.

Die einen bekennen sich zueinander ganz intim nur zu zweit, die anderen im kleinen Kreis und wiederum viele bei einem rauschenden Fest. Während die eine Braut in einem ausschweifenden Tüllrock und mit viel »Bling« heiratet, bevorzugt jemand anderer einen avantgardistischen Hosenanzug. Boho- und Vintagefeiern sind in aller Munde, DIY-Ideen schießen aus dem Boden. Das eine Paar engagiert einen Hochzeitsplaner, das andere organisiert am liebsten jedes Detail selbst. Kirchliche Trauungen finden genauso Anklang wie eine freie Zeremonie. Und wer hat jemals gesagt, dass eine Hochzeitstorte aus Kuchen bestehen muss und nicht aus fünf Sorten Käse, garniert mit essbaren Blumen und Feigen?

Trends aus aller Welt werden durch Instagram und Pinterest greifbar. Und doch – was wieder immer größere Bedeutung gewinnt, ist die Verbundenheit mit der Heimatstadt,

© Julia Strziga

7

dem Wunsch nach Regionalität, nach Nähe, aber auch nach Nachhaltigkeit.

Die Region in und um München bietet Brautpaaren genau das: internationale Brands & Marken, aber auch lokale Shops mit hochwertigen, handgemachten Produkten. Wirtshaus und Stadl finden sich neben Rooftop-Terrassen, Bootshäusern und Gartenpavillons. Moderne Feierlichkeiten treffen auf uriges Brauchtum.

Diese neue Vielfalt zu zeigen, Paare damit zu inspirieren und lokale Labels und Unternehmer zu unterstützen, ist Ziel meines Hochzeitsblogazines *isarweiss* und dieses Wedding Guides. Schlagt also die Seiten auf und taucht ein in die schöne Hochzeitswelt zwischen München und den Alpen!

Julia Strziga
von

INTERVIEW MIT
HOCHZEITSPLANERIN ELKE WEISS

HEIRATEN IN BAYERN – WAS HAT SICH VERÄNDERT
UND WAS SIND DIE GROSSEN TRENDS?

Elke Weiß von *HeimatHochzeit* ist Hochzeitsplanerin mit Herzblut und begleitet und unterstützt Brautpaare bei der Gestaltung und Umsetzung ihres großen Tages. Sie hilft bei der Wahl der passenden Location und der Suche nach den richtigen Dienstleistern, erstellt aber auch ganze Konzepte und übernimmt bei den Feierlichkeiten auch die gesamte Koordination vor Ort. Wenn es also um die Wünsche und Ideen der Brautpaare geht, ist sie ganz vorne mit dabei.

Ihre eigene Heimat ist die Alpenlandregion und sie erzählt, wie glücklich sie darüber ist, dass die Brautpaare, die zu ihr kommen, auch hier heiraten möchten. Zum einen kann sie so nachhaltig arbeiten, zum anderen werden ortsansässige Dienstleister gestärkt und dadurch die ganze Region gefördert.

»DIE UMGEBUNG IST SO VIELFÄLTIG UND
WUNDERSCHÖN, DASS MAN NAHEZU JEDE
VORSTELLUNG WIRKLICHKEIT
WERDEN LASSEN KANN.«

Elke, warum, denkst du, finden immer mehr junge Paare regionalen Bezug so wichtig?

Hochzeiten werden immer individueller gestaltet. Es wird immer wichtiger, die persönliche Note als roten Faden durch die gesamte Gestaltung mit einfließen zu lassen. Zeitgleich setzen junge Paare sich derzeit intensiv mit ihrer Herkunft und auch mit dem Thema Nachhaltigkeit auseinander. Verbunden damit, dass es in unserer Region auch immer mehr bestens ausgestattete Traum-Locations gibt, die kaum noch Wünsche offenlassen, ist es meist auch einfach die beste Option, in der Heimat zu heiraten! Dort, wo auch Freunde und Familie sind …

Es macht also auch finanziell und organisatorisch Sinn, auf lokale Dienstleister zu setzen?

Absolut! Die Wege, wenn man mit lokalen Dienstleistern zusammenarbeitet, sind einfach viel kürzer. Man spart sich einen großen Teil der Fahrt- und auch Lieferkosten. Sei es für die Probefrisur, für die Kostprobe der Hochzeitstorte oder des Menüs oder den Transport der Blumen. Und es ist einfach wichtig, dass wir unsere Heimat, unsere Dienstleister, die genau wie wir hier leben und arbeiten, stärken und unterstützen.

Wie zeigt sich diese zunehmende Individualität von der du gesprochen hast? Worauf legen junge Paare heutzutage viel Wert?

Brautpaare aus der heutigen Zeit möchten keine Hochzeit »von der Stange« kaufen. Sie wollen bei der Vorbereitung miteinbezogen werden. Sie sagen dem Wirt beispielsweise nicht »Ach, mach irgendeine Suppe, ein Schnitzel und irgendeinen Wein, der passt«. Nein, sie möchten testen, was ihren Gästen serviert wird und ob es auch ihnen selbst schmeckt. Jedes Detail wird von uns Hochzeitsplanern auf das Brautpaar abgestimmt, sodass sie sich auf ihrer Hochzeit komplett zurücklehnen können. Manch einer möchte das übertrieben nennen, ich finde es sogar unkomplizierter und schöner, gewisse Dinge im Voraus zu planen. Dann ist man auf der sicheren Seite, dass alles den Wünschen des Paares entspricht, und braucht sich keine Sorgen machen, dass am Hochzeitstag ein Wein serviert wird, der gar nicht schmeckt!

Das »klassische Brautpaar aus Bayern« – gibt es das überhaupt noch? Oder werden Hochzeiten auch im Umland immer individueller?
Nicht viele klassische Brautpaare aus Bayern, wie man sie sich vielleicht bildlich vorstellen würde, engagieren einen Hochzeitsplaner. Das ist ein Trend, der vor allem von modernen Paaren aufgegriffen wird – dazu komme ich aber gleich! Beim »klassischen bayerischen Paar« aus dem Umland spielen oft die Familie, Freunde, Nachbarn, die Stadtgemeinschaft und auch der Hochzeitslader noch eine sehr große Rolle.

> »AUF JEDER HOCHZEIT GIBT ES RITUALE UND WIRD TRADITION GELEBT. HEUTZUTAGE SIND DIESE ABER GANZ UNTERSCHIEDLICH GEPLANT UND GESTALTET.«

Traditionen wie Laken durchschneiden und Baumstämme sägen sind also trotz aller Trends nicht aus der Welt?
Es gibt durchaus noch Paare, die gerne Baumstämme sägen und viele möchten zum Beispiel nach wie vor, dass Blumen gestreut werden, sofern es erlaubt ist. Traditionen wie ein Herz in ein Laken zu schneiden, werden oft noch von den Trauzeugen geplant. Ich persönlich finde Traditionen auch noch schön und sie geben einer Hochzeit einen persönlichen Charakter, wenn sie denn auch zum Brautpaar passen und nicht aufgenommen werden »weil man das halt so macht«.

Du arbeitest schon lange mit Brautpaaren zusammen, hörst ihre Wünsche, kennst ihre Vorstellungen. Sicherlich verändert sich manches im Laufe der Zeit? Was waren die großen Hochzeitstrends der letzten Jahre?
Ich persönlich habe mich sehr über den Trend zur Natürlichkeit in den Hochzeitsgestaltungen gefreut! Ich spreche hier vor allem über meine ländlichen Hochzeiten. Es werden viel Grün und natürliche Materialien wie Holz und auch Stein in der Dekoration verwendet. Oft sieht der Blumenschmuck zum Beispiel wie »frisch von der Almwiese« aus. Und das passt natürlich auch zu vielen regionalen Locations und fügt sich dann optisch perfekt in das Gesamtbild ein. Toll finde ich auch den Trend zum gemeinsamen Hochzeitswochenende. Dabei kommen Verwandte und

Freunde oft schon am Vortag zum Get Together, meist am Freitag. Am Samstag wird kräftig und freudig geheiratet und gefeiert. Und dann reist man erst nach dem Frühstück am Tag nach der Hochzeit wieder ab. Herrlich!

Momentan legen Brautpaare auch großen Wert darauf, dass ihre Hochzeit auf Foto und Film bestmöglich festgehalten wird. Das wird auch nicht mehr gestellt, sondern sieht sehr natürlich aus. Die Fotografen und Videografen begleiten Brautpaar und Gäste den ganzen Tag. Und die Hochzeitsreportage, die am Ende dabei herauskommt, zeigt dann, wie die Stimmung, das Gefühl an diesem großen Tag war. Da kann man beim Ansehen auch schon mal Gänsehaut und Tränen in den Augen bekommen ...

Wann macht es denn für Brautpaare Sinn, einen Hochzeitsplaner zu engagieren? Du sagtest vorhin bereits, dass es oft bestimmte Paare seien, die die Unterstützung eines Hochzeitsplaners wünschen statt alles an Familie und Freunde zu delegieren.

Die meisten meiner Brautpaare sind voll berufstätig oder haben Kinder. Ihr Alltag ist auch so bereits vollgepackt mit allen möglichen Themen und To-dos. Der Zeitfaktor spielt also eine sehr große Rolle! Und natürlich ist da auch der Wunsch nach einem stimmigen Gesamtkonzept. Viele Paare haben zwar eine gute Vorstellung davon, wie die Hochzeitsfeier aussehen soll. Aber nicht, wie alles am besten umzusetzen wäre. Es macht grundsätzlich Sinn, sich für so ein großes Fest professionelle Unterstützung zu holen und sich bei den Hochzeitsvorbereitungen helfen zu lassen. Die Paare profitieren vom großen Dienstleisternetzwerk, mit dem ich regelmäßig zusammenarbeite. Da kann ich auch gleich vorab sagen, wer zu den Besten gehört und dem Paar so Enttäuschungen ersparen. Das entlastet ungemein und man kann die Verlobungszeit und natürlich die Feier selbst in vollen Zügen genießen, ohne sich um kleinere und größere Sachen Gedanken machen zu müssen. Als Hochzeitsplanerin bin ich auch Ansprechpartnerin für alle organisatorischen Fragen der Gäste und der Dienstleister und halte so viele für das Brautpaar unwichtige Dinge ab.

Ein Hochzeitplaner ist also Dienstleister und gute Fee in einem! Was ist denn das Schönste für dich an deinem Beruf als regionale Hochzeitsplanerin?
Ich kann im Umkreis von meinem Zuhause meinen Traumberuf ausüben, was eigentlich schon Grund genug wäre! Aber dabei habe ich noch die Chance, meine schöne Heimatregion immer weiter erkunden zu dürfen und die Menschen, ihre Geschäfte, Produkte und ihre Geschichten dazu kennenzulernen. Aber am meisten freue ich mich darüber, die Brautpaare strahlen zu sehen, wenn alles nach ihren Wünschen verläuft und sie den Tag einfach nur genießen können!

© Elke Weiß

HEIRATEN IN BAYERN

I

ZAHLEN & FAKTEN ÜBER DIE LIEBE

Heiraten ist natürlich eine persönliche, emotionale Herzensangelegenheit, aber auch zu dieser gibt es reichlich Statistiken und Daten, die einen kleinen Einblick geben, wer sich wie in Bayern das Jawort gibt. So viel sei bereits verraten: Die Paare sind alles andere als überstürzte Romantiker, wenn es um den richtigen Zeitpunkt für den Antrag geht. Und im Job lernt man vielleicht unter den netten Kollegen einen Partner kennen, statistisch gesehen enden aber wohl kaum Kaffeeküche-und-Kopierer-Beziehungen in einer Ehe. Also doch eher raus in die Freizeit und viel mit Freunden unternehmen!

WIE OFT UND WO WURDE GEHEIRATET?

67000 Mal hieß es im Jahr 2017 »Ja!« in Bayerns Standesämtern. Diese Zahl veröffentlichte das Landesamt für Statistik in Fürth. Ganze 2300 Trauungen fanden dabei am 7.7.2017 statt, der damit zum beliebtesten Hochzeitstag wurde. Oberbayern bleibt dabei weiterhin die Hochburg für die Liebe, denn rund 23000 Paare heirateten hier. Für die Statistik ist dabei nicht der Wohnort der Partner relevant, sondern der tatsächliche Sitz des Standesamts. Kein Wunder, denn die Region hat einige wunderschöne Standesämter und Paare reisen dafür auch gerne an. Laut einer deutschlandweiten Studie des Unternehmens *Kartenmacherei* heiraten dabei 56% aller Paare in Deutschland im eigenen Landkreis und der Region, 36% sogar noch in der eigenen Heimatstadt. Rund 2% der Paare entscheiden sich für eine »Destination Wedding« im europäischen Ausland.

Amorbach – nein, das ist keine fiktive Gemeinde in einem romantischen Heimatbuch. Sondern ein ganz realer Ort. Statistisch gesehen wird dort, auf die Einwohnerzahl gerechnet, besonders oft
geheiratet, dabei kommt die Hälfte aller Brautpaare von außerhalb
der Gemeinde. Der Name des Ortes sei dabei wohl nicht ausschlag-
gebend, lässt das Standesamt auf Nachfrage wissen. Viel eher
gehe es den Brautpaaren um die Verfügbarkeit eines bestimmten
Datums. Amorbach ist auch nicht nach dem römischen Gott der
Liebe benannt, sondern tatsächlich nach »*amer*«, was mittelhoch-
deutsch ein stehendes, morastiges Gewässer bezeichnet.

WER SIND DIE PAARE?

Schon vor einigen Jahren hieß es vom Bundesinstitut für Bevölkerungs-
forschung, dass Paare heutzutage wesentlich später heiraten als früher.
Dafür aber auch bewusster. Trotzdem kann die Zahl überraschen, denn
Frauen waren zum Zeitpunkt der Heirat im Schnitt 35 Jahre alt und Männer sogar fast 38 Jahre. Bundesweit gesehen lässt man sich auch eher Zeit
mit der Ehe. Erst nach drei bis sieben Jahren Partnerschaft wagen 37%
den Schritt, 32% sogar erst nach sieben bis 15 Jahren! In Bayern lernen
sich dabei nur 1% der Paare im Urlaub kennen (in Hamburg sind es immerhin 5%!), die meisten (immerhin 26%) kannten sich über Freunde.
Im Club lernten sich 17% aller bayerischen Paare kennen und damit fast
genau so oft wie in der Arbeit (16%).

ÜBRIGENS: HOCHZEITSANTRÄGE MÜSSEN NICHT
IMMER AUSGEFALLEN SEIN. RUND 40% ALLER ANTRÄGE
DEUTSCHLANDWEIT FANDEN ZUHAUSE STATT.

Seit dem 1. Oktober 2017 ist die Ehe auch für gleichgeschlechtliche Paare
möglich. Die »Ehe für alle« ist dabei kein »exotischer Trend«, sondern

eine wichtige Errungenschaft für ein gerechteres, vielfältigeres und offeneres Deutschland. Sie ermöglicht es somit endlich allen Menschen, ihre Liebe zu feiern und vor allem rechtlich zu besiegeln. Im ersten Jahr heirateten laut dem Bayerischen Rundfunk in den großen Städten München, Augsburg, Ingolstadt, Nürnberg und Regensburg rund 1250 Paare, davon fanden alleine in München 830 Trauungen statt. Eine Gesamtstatistik liegt noch nicht final vor.

FREIE TRAUUNGEN IMMER BELIEBTER

Besonders spannend: Nur noch ein Drittel aller Paare ließen sich auch kirchlich vermählen. Die katholische Kirche vollzog 2017 in Bayern knapp 13600 Trauungen, die evangelische 5500. Freie Trauungen, ohne Gottesdienst, werden immer beliebter. Paare wünschen sich mehr denn je eine intime, persönliche Trauung, die auch gerne ihre Freunde und Familie miteinbezieht. Dass eine freie Zeremonie rechtlich nicht bindend ist und das Paar immer noch das Standesamt aufsuchen muss, spielt dabei keine große Rolle.

WAS KOSTET EINE HOCHZEIT?

In Bayern geben 26 % der Paare laut der Studie der *Kartenmacherei* 5000 bis 10000 Euro für die Hochzeitsfeier aus. 23 % investieren immerhin 10000 bis 15000 Euro. Nur 1 % aller Heiratswilligen schaffen es bei einem Budget von unter 1000 Euro zu bleiben. Dabei handelt es sich vermutlich um kleine, standesamtliche Hochzeiten im engsten Familienkreis. Nach oben ist vor allem in Ballungsräumen wie München kein Limit … 6 % der Paare geben zwischen 20000 und 25000 Euro aus und 3 % immerhin über 30000 Euro.

II

BAYERNS SCHÖNSTE STANDESÄMTER

Mit der abnehmenden Relevanz kirchlicher Zeremonien und dem parallel dazu immer weiter wachsenden Trend der freien Trauungen gewinnen auch die standesamtlichen Hochzeiten zunehmend an Bedeutung. Brautpaare wünschen sich dafür immer mehr eine schöne Location, bedeutsame Worte, emotionale Momente. Oft ersetzt die standesamtliche Trauung die kirchliche oder freie komplett. Umso wichtiger ist es, diesen Schritt zu etwas Besonderem zu machen.

Für viele Brautpaare wäre eine standesamtliche Trauung direkt in ihrer Wunsch-Location perfekt – kein Herumfahren, keine Familienshuttles, weniger zeitliche Abstimmung und Trauung und Feier könnten ohne große Unterbrechungen einfach ineinander verschmelzen. Doch das ist in Deutschland leider nicht möglich. Ein Standesbeamter ist an die Örtlichkeit eines Standesamtes gebunden. Freie Trauungen sind daher rechtlich auch nicht bindend, denn der freie Trauredner ist nicht verbeamtet. Das Brautpaar muss also immer noch das Standesamt aufsuchen, wenn es gesetzlich verheiratet sein will.

Doch nicht alle Standesämter arbeiten wie am Fließband oder versprühen den 70er-Jahre-Charme von meterhohen Aktenschränken und einem ratternden Ventilator im Eck, der eine verstaubte Zimmerpalme wehen lässt! Städte und Kommunen haben die Wünsche der Paare erkannt und messen einer Eheschließung endlich die Bedeutung bei, die sie auch für Brautpaare hat: als einen ersten, wichtigen Schritt in ein gemeinsames Leben, den es feierlich zu begehen gilt und nicht nur als eine rechtliche, formale Angelegenheit, die man abhandeln muss.

Zum Glück gibt es einige schöne Außenstellen in Klöstern, Burgen, Gewölben oder auch Dachterrassen, die als Standesamt fungieren. Brautpaare haben hier aber nicht nur die Qual der Wahl, sie brauchen auch noch etwas Glück, denn die Termine dort sind natürlich heiß begehrt.

> ~ KLEINER TIPP ~
>
> Man sollte sich rechtzeitig nicht nur zum Thema Traudatum und Anmeldung erkundigen, sondern auch zu den Kapazitäten der jeweiligen Standesämter. Gerade historische Gebäude und Säle sind oft nur mit einer begrenzten Anzahl von Stühlen ausgestattet. Sollte eine Trauung mit mehr Gästen geplant sein, muss ein Teil gegebenenfalls stehenbleiben!

SCHLOSS ISMANING

Der barocke Saal des Standesamts im Schloss Ismaning im Norden von München hat Geschichte. Schon im 16. Jahrhundert erbaute der Bischof von Freising in Ismaning ein Schloss mit vier Türmen. Im Laufe der Jahrhunderte wechselte es mehrmals den Besitzer, wurde umgestaltet, teilweise zerstört und wieder restauriert. 1816 übernahmen der Stiefsohn Napoléons, Eugène de Beauharnais, und seine Gattin, Auguste Amalia, die Tochter des bayerischen Königs Max I., das Ismaninger Schloss und ließen es im klassizistischen Stil umgestalten. Auguste hatte sich zunächst gegen die arrangierte Ehe aus politischen Gründen gesträubt und soll in »langanhaltende Ohnmachten« verfallen sein, um sie zu verhindern. Letzten Endes musste sie sich aber in ihr Schicksal fügen, denn ihre Hochzeit war die Voraussetzung dafür, dass ihr Vater von Bonaparte zum König gemacht wurde. Wie sich jedoch herausstellen sollte, wandte sich für das Paar für den Rest ihres Lebens alles zum Guten. Es wird berichtet, dass aus der Ehe aus Staatsraison eine Ehe aus Liebe wurde, die geprägt war von Zuneigung und gegenseitigem Respekt. Auguste und Eugène bekamen sieben Kinder ... wie der Standesbeamte gerne in seiner Rede augenzwinkernd erwähnt.

Termine im Standesamt Ismaning werden bevorzugt an Paare aus der Gemeinde vergeben, diese können sich früher als in der vorgegebenen

Sechsmonatsfrist anmelden. Aber auch Paare aus anderen Gemeinden sind natürlich willkommen! Die Standesbeamten sind nicht nur kompetent und erfahren, sondern auch herzlich, persönlich und hilfsbereit. Zum Anstoßen und für Fotos kann man in den Schlosspark von Ismaning wechseln und die Zeremonie ausklingen lassen.

Schloss Ismaning/Foto von Enns Fotografie

STANDESAMT SCHLIERSEE

Das Standesamt in Schliersee überzeugt mit urigem Charme, massiver Holzvertäfelung und einer familiären Atmosphäre im historischen Rathaussaal. Nach der Trauung können Brautpaar und Gäste zum Beispiel zum Feiern und Anstoßen auf die Schliersbergalm fahren und dort einen tollen Ausblick auf See und Hausberge genießen. Wer standesamtliche Trauung und Hochzeitsfeier auf einen Tag legt, kann auch zur kleinen Insel Wörth übersetzen.

MUSEUM STARNBERGER SEE/LOCHMANN HAUS

Wer es ganz urig und außergewöhnlich mag, heiratet im Museum am Starnberger See, genauer gesagt im Lochmann Haus. Es handelt sich hierbei um das älteste, noch an seinem ursprünglichen Ort stehende Bauernhaus der Region. In der gotischen Stube stammt die Vertäfelung noch aus dem 16. Jahrhundert. Wer hier heiraten möchte, kann dann seinen Sektempfang im hauseigenen Garten ausrichten.

ROSENINSEL AM STARNBERGER SEE

Allein die Anfahrt zur Roseninsel ist ein unglaubliches Highlight, denn ein Fährmann bringt Brautpaar und Hochzeitsgesellschaft über den See mit Panoramablick zum malerischen Anlegesteg. Die Trauung findet in einer Villa, dem sogenannten Casino, statt. Dort beeindrucken im Inneren historische Malereien und viel Holz, draußen verzaubern die unzähligen Blumen und auch Seevögel, die sich im Gras ausruhen. Und, so munkelt man, hier sind schon Sissi und Ludwig II. verliebt spazieren gegangen, weit abseits vom Alltagstrubel.

NEUES RATHAUS MÜNCHEN

An nur fünf Tagen im Jahr haben Brautpaare die Möglichkeit, sich im Kleinen Sitzungssaal des Neuen Rathauses direkt in der Münchner Innenstadt trauen zu lassen. Aber nur mit viel Glück! Der Andrang ist groß und am Ende entscheidet das Losverfahren, welches Paar sich hier trauen lassen darf. Für echte Münchner ist es den Versuch wert, denn das Rathaus am Marienplatz ist ein Wahrzeichen und der FC Bayern feiert auf dessen Balkon regelmäßig gewonnene Meisterschaften.

AUF DER KAMPENWAND

Bergfreunde aufgepasst! Nicht nur die Zugspitze bietet standesamtliche Trauungen. Wer es etwas weniger touristisch mag, entscheidet sich für die Kampenwand. In rund 1500 Metern Höhe kann man sich auf der Sonnenalm mit atemberaubender Panoramaterrasse das Jawort geben. Die Location ist alles andere als altbacken und überzeugt mit einem stimmigen Chalet-Stil. Zu erreichen ist die Alm zu Fuß, aber auch mit wunderschönen, nostalgischen Gondeln, die auch geschmückt werden dürfen. Auf Wunsch warten traditionelle Alphornbläser auf die Hochzeitsgesellschaft. Ein echtes Highlight! Wenn Brautpaar und Gäste auf der Alm übernachten, sind auch nächtliche Feuer und Mitternachtspunsch möglich. Die offizielle Anmeldung hat über die Gemeinde Aschau zu erfolgen.

DER »BLAUE SALON« IM JAGDHAUS OBERSTDORF

1856 ließ Prinzregent Luitpold von Bayern das Jagdschloss als Ausgangs-
punkt für seine Jagdausflüge erbauen. Zeitgleich schwärmte er für Kunst
und den Hellenismus und war in der Region ein gern gesehener Gast, der
viel für sozial schwächere Familien tat. So gab es am 12. März, zu seinem
Geburtstag, schulfrei und er spendierte jedem Kind eine Semmel, eine
Wurst und ab der dritten Klasse auch einen Schoppen Bier. Das Jagdschloss war also mehr als nur eine Jagdresidenz von vielen. Der »Blaue
Salon« ist Ausdruck von Kunst und Ästhetik und begeistert Gäste und
Brautpaare damals wie heute.

*Liebesgeschichte: Im »Blauen Salon«
heirateten auch Ani und Philip, mitten
im Dezember! Passend zum bayerischen
Stil der Location wählten die Beiden
Tracht und winterlich-dezenten Blumenschmuck. Und bei so einer schönen
Atmosphäre und beeindruckenden Berg-
kulisse macht auch die Kälte nichts aus.*

Fotos von Flo Fotografie

RATHAUS KAUFBEUREN

In Kaufbeuren kann direkt im historischen Rathaus geheiratet werden, das mitten in der Innenstadt zu finden ist. Der Stil der Räumlichkeiten ist klassisch-bayerisch, auf das Brautpaar warten mächtige Gemälde, wallende Vorhänge und Holzvertäfelungen. Wer im Winter heiratet, für den erhellt das Standesamt die Räume und die breite, prunkvolle Eingangstreppe mit Laternen und Kerzen.

HOCHZEITSDORF WIRSBERG IM FRANKENWALD

Ein Hochzeitsdorf ... Klingt nicht unbedingt nach Romantik und Individualität. Trotzdem lohnt sich für manche Paare der Blick zum Luftkurort Wirsberg, der sich seit 1983 so nennt. Wer nämlich unbedingt an einem Feiertag, Sonntag oder auch abends, nachts oder in den Morgenstunden heiraten möchte, der findet hier ein selten unbürokratisches Standesamt! Die Trauungen sind persönlich auf das Paar abgestimmt und Sonderwünschen sind fast keine Grenzen gesetzt. Wem das Konzept zusagt, dem stehen für den Aufenthalt eine tolle Landschaft sowie zahlreiche Hotels und Restaurants mit hochwertiger Gastronomie zur Verfügung.

KÜNSTLERHAUS GASTEIGER AM AMMERSEE

Ein wenig verträumt, schon fast verwunschen wirkt die Jugendstil-Villa inmitten alter Bäume eines weitläufigen Parks mit sanft plätscherndem Bach. Anfang des 20. Jahrhunderts hatte das Künstlerpaar Gasteiger hier in Utting seinen Wohnsitz. Wem der Name nicht geläufig ist, wird trotzdem schnell merken, dass er die Arbeit von Mathias Gasteiger kennt: An seinem »Brunnenbuberl« am Stachus in München ist jeder bestimmt schon vorübergegangen. Die Tochter der Gasteigers überließ das Gebäude dem Freistaat Bayern und die Bauernstube steht heute Paaren für Trauungen zur Verfügung. Im Winter wird im Künstlerhaus auch der Kachelofen angeschmissen, damit es nicht zugig wird. Im Sommer kann die Hochzeitsgesellschaft den weitläufigen Park zum Anstoßen nutzen und einen Blick auf den Ammersee genießen.

WENDELSTEINHAUS

Ganze 1724 Meter nach oben geht es für Brautpaare und Gäste hoch zum Wendelsteinhaus. An diesem Ort sind seit 2010 standesamtliche Trauungen möglich. Wer gleich die Ehe auch kirchlich schließen möchte, spaziert einfach zum kleinen Wendelsteinkircherl und kann das katholisch und evangelisch tun! Dabei bietet sich eine einzigartige Kulisse, denn Watzmannmassiv und Großglockner ragen hier majestätisch in die Höhe. Zum Feiern und Anstoßen kann man gleich ins Wendelsteinhaus gehen, Übernachtungsmöglichkeiten gibt es am Berg leider keine.

»ALMBAD HUBERSPITZ«

Nicht ganz so hoch wie Zugspitze und Kampenwand ist eine Trauung auf der Huberspitzalm bei Hausham. Parkplätze direkt vor der Tür gibt es zwar keine, aber das Gepäck muss natürlich nicht auf den Berg getragen werden, dafür gibt es einen Almshuttle. Auch für Oma und Opa, die nicht ganz so fit zu Fuß sind. Alle anderen Gäste können einen ca. 30-minütigen Aufstieg durch den Wald genießen, bevor sich am Wegesende ein traumhaftes Panorama bietet. Wer möchte, kann auf dem Grundstück noch feiern und sogar mit seinen Gästen über Nacht bleiben. Ein echter Geheimtipp!

Foto von Denise Stock Fotografie

III

GUT GEPLANT IST HALB VERHEIRATET:

DER JAHRESKALENDER »FÜR ALLE FÄLLE«

Das frühzeitige Anmelden und Reservieren des Wunschstandesamtes ist nur einer von vielen kleineren und größeren organisatorischen Punkten, die es zu beachten gilt. Zahlreiche Hochzeitsplaner widmen sich dem richtigen Zeitpunkt, um Blumen zu bestellen, das Brautstyling zu testen oder Kleid und Anzug umändern zu lassen. Aber nur wenige Planer berücksichtigen externe Faktoren wie Ferien, Feiertage oder Events, die auf den Tag der Hochzeit fallen können. Und so verschwinden diese potenziellen Stolpersteine aus dem Blickfeld der Brautpaare. Aus den Augen, aus dem Sinn! Und dann kann die Enttäuschung groß sein, wenn enge Familienmitglieder absagen müssen, weil die Trauung mitten in die Pfingstferien fällt.

Bayern ist bekannt für seine arbeitnehmerfreundliche Anzahl an Feiertagen im Jahr, die man für lange Wochenenden und günstigen Urlaub nutzen kann. Deutschlandweit hat Augsburg dabei die Nase vorn, denn es ist die einzige Stadt, die noch einen zusätzlichen Feiertag am 8. August hat, das Hohe Friedensfest.

Aber Feiertage und Großveranstaltungen fallen jedes Jahr auf unterschiedliche Wochentage und es kann mitunter schwierig sein zu sagen, ob ausgerechnet im Jahr der eigenen Hochzeit nicht doch die WM, die Sommerolympiade, ein Politikgipfel oder das Konzert von Beyoncé zusammenfallen. Der Jahreskalender »Für alle Fälle« hilft ganz jahresunabhängig sicherzugehen, dass der eigenen Feier nichts im Wege steht.

Denn manchmal sind es gar nicht die großen Sachen, die man nicht auf dem Schirm hat, sondern die kleinen ...

SPORT, EVENTS & POLITIK

Werden im nächsten Jahr große Sportereignisse wie die Olympiade, die Fußball-EM oder WM stattfinden und wann werden deren wichtigsten Spiele ausgestrahlt? Auch wenn man sich kaum vorstellen kann, dass jemand wegen eines Fußballspiels eine Einladung ausschlagen oder sich während der Feier ins Hotelzimmer zum Schauen stehlen würde, so schadet es doch nicht, gerade Sportevents bei der Hochzeitsplanung zu berücksichtigen.

> TATSÄCHLICH, SO ERZÄHLEN ES AUCH MEHRERE
> GASTRONOMEN UNTER DER HAND, IST ES SCHON
> DAS EIN ODER ANDERE MAL VORGEKOMMEN,
> DASS AUF HOCHZEITSFEIERN SPONTAN
> EINE LEINWAND AUFGEBAUT WERDEN MUSSTE,
> SEHR ZUM MISSFALLEN DER BRAUT ...

Gerade in Großstädten lohnt sich auch ein Blick Richtung internationale Politik, denn nicht selten wird eine ganze Innenstadt wegen eines Zusammentreffens von Staatsoberhäuptern gesperrt. Wer im Zentrum von München auf einer Dachterrasse anstoßen will, sollte sichergehen, dass man dort an diesem Tag auch Zugang hat.

DER JAHRESKALENDER

JANUAR

Der Januar ist bei Brautpaaren der unbeliebteste aller Monate – hier finden deutschlandweit die wenigsten Trauungen statt! Am 1. Januar ruht sich die Welt vom Kater aus und begeht Neujahr, am 6. Januar haben alle Läden und Behörden wegen der Heiligen Drei Könige geschlossen. Kurz nach den Weihnachts- und Neujahrsfeiertagen ist das Bankkonto leer und die Lust am Feiern mit der Familie vermutlich gestillt. Wer sich trotzdem für diesen Monat entscheidet, kann aber von starken Rabatten und Nachlässen bei Dienstleistern, Restaurants und Locations profitieren und hat nicht die Qual der Wahl des genauen Datums, sondern auch mehr Handlungsspielraum bei Verhandlungen.

FEBRUAR

Ähnlich unbeliebt ist auch der Februar, wenn es um Trauungen geht. Und obwohl es keine gesetzlichen freien Tage gibt, so reihen sich doch oft freigenommene Tage aneinander: Rosenmontag, der Faschingsdienstag, Aschermittwoch. Dazu kommt auch noch der Fasching selbst!

~ BRAUCH & TRADITION ~

Kennt ihr schon die Faschingshochzeit?

Die Narrenhochzeit ist eine vor allem im südlichen Bayern und Österreich bekannte Faschingstradition. Sollte euch also im Februar ein Brautpaar auf der Straße auffallen, lohnt es sich genau hinzusehen – denn oft ist ein Mann die Braut und eine Frau der Bräutigam! Natürlich handelt es sich hierbei nicht um echte Eheschließung, sondern um ein Event, das von Faschingsvereinen, der Freiwilligen Feuerwehr oder der Landjugend organisiert wird. Dabei wird oft eine traditionelle Hochzeit parodiert, begleitet von einem theatralischen Rahmenprogramm.

Der eigentlich romantische Valentinstag schneidet besonders schlecht ab: Laut dem Bayerischen Landesamt für Statistik ist der Tag der Verliebten auf Platz 296 der beliebtesten Hochzeitstage in Bayern. Auch im Februar kann man also von budgetfreundlichen Angeboten profitieren. Und wer gleich nach der Hochzeit in die Flitterwochen fahren möchte, für den bieten sich im grauen, nass-kalten Februar Destinationen wie Thailand, die Karibik oder Sri Lanka perfekt an!

MÄRZ

In manchen Jahren verschieben sich Rosenmontag oder Aschermittwoch nach hinten in den März, aber auch kirchliche Feiertage wie Gründonnerstag, Karfreitag und Palmsonntag können oftmals schon in diesen Monat fallen. Hier gilt es, den Kalender genau zu studieren, denn Karfreitag ist zum Beispiel ein gesetzlicher Feiertag in Bayern, sodass Geschäfte und Behörden geschlossen haben. Am letzten Wochenende im März heißt es: Achtung, Zeitumstellung! Das Brautpaar und die Gäste bekommen eine Stunde weniger Schlaf.

APRIL

Je nachdem wie Ostern im Hochzeitsjahr liegt, kann ein Teil der 40-tägigen Fastenzeit in den April fallen. Diese geht von Aschermittwoch bis Ostern. Die Fastenzeit ist traditionell eine Zeit des In-sich-gehens, der Ruhe und der Besonnenheit. Zwar gibt es inzwischen mehr und mehr Pfarrer, die auch in der Fastenzeit Trauungen abhalten, oft gibt es aber zum Beispiel nur eine Trauzeremonie, aber keinen Blumenschmuck. Hier müssen Brautpaare vorab mit ihrer Gemeinde sprechen, wenn sie eine kirchliche Trauung wünschen. Verboten ist Heiraten in der Fastenzeit nicht!

»APRIL, APRIL –
DER WEISS NICHT, WAS ER WILL!«

Nicht zuletzt aufgrund des unbeständigen Wetters sowie zahlreicher Ferien- und Feiertage gehört der April noch zur Nebensaison für Hochzeiten.

MAI

Im Mai startet die Hochzeitsaison aber endgültig durch. Wer in diesem Wonnemonat heiraten möchte, sollte sich also genau wie für die Sommervormonate rechtzeitig um Termine für Wunsch-Location, Standesamt und Kirche kümmern. 2015 war der Mai sogar noch beliebter als der Juni oder Juli! Die gängigen, gesetzlichen Feiertage im Mai sind der Maifeiertag (1. Mai) und Christi Himmelfahrt (immer an einem Donnerstag und gleichzeitig auch Vatertag). Davon kann man als Brautpaar profitieren und ein langes Hochzeitswochenende planen! Aber auch die Pfingstferien fallen oft in diesen Monat. Es gilt also unbedingt, die Save-the-date-Karten rechtzeitig zu verschicken, bevor Freunde und Familien ihre Urlaube buchen!

»PANKRAZ, SERVAZ, BONIFAZ
MACHEN ERST DEM SOMMER PLATZ!«

Wer kennt diese alte Bauernregel? Vom 11. bis 15. Mai geben sich die sogenannten Eisheiligen gerne die Ehre und sorgen für Kälteeinbrüche. Bei all der Vorfreude auf den Sommer und der Hochzeitsplanung in schönsten Sommerfarben sollte man um diese Zeit noch einige schöne Decken für die Feier zur Sicherheit bereithalten.

JUNI

Der erste Sommermonat verlockt zur Planung von Grill-, Outdoor-, Wald- und freien Scheunenhochzeiten. Aber die Feier muss gut geplant werden, Locations und Dienstleister sind nicht selten bereits über ein Jahr im Voraus ausgebucht. Alternativ können Brautpaare überlegen, unter der Woche statt am Wochenende zu heiraten. Manchmal ziehen sich die Pfingstferien bis in den Juni und Fronleichnam (immer ein Donnerstag) ist in Bayern ein gesetzlicher Feiertag. Ein schönes Datum, das man sich merken sollte, ist die Sommersonnenwende gegen Ende Juni. In den nordeuropäischen Ländern und dem Baltikum werden damit die langen Sommertage und kurzen, dunklen Nächte zelebriert. »Midsommar«- beziehungsweise Mittsommerfeste werden aber auch in vielen Gemeinden Bayerns mit dem Johannisfeuer gefeiert – eine Tradition, die schön in Outdoor-Hochzeiten einfließen kann!

JULI

Zweifelsohne gehört der Juli ebenfalls zu den beliebtesten Monaten, um zu heiraten. Brautpaare freuen sich über eine hohe Wahrscheinlichkeit für einen sonnigen Tag und Floristen können aus ihrem vollen Repertoire schöpfen. Aber Achtung! Die »Hundstage« – also besonders heiße Tage – sind laut statistischen Auswertungen nicht mehr im August, sondern im Juli. Man sollte also an ein luftiges Kleid, schmierfestes Make-up und genug Schatten für Brautpaar und Gäste denken.

AUGUST

Der August steht in Bayern ganz im Zeichen der Sommerferien. Es gilt also, früh abzusprechen, ob Familienmitglieder und Freunde zu dieser Zeit nicht verreist sind. Viele Pensionen und Hotels an schönen Seen oder Hütten auf Berggipfeln sind sehr früh ausgebucht. Für den August ist also einiges an Planungsgeschick gefragt. Der 15. August ist ein gesetzlicher Feiertag, hier wird in Bayern Mariä Himmelfahrt begangen.

SEPTEMBER

Der Almabtrieb, auch Viehscheid genannt, ist eine weit verbreitete und nach wie vor lebendige Tradition in zahlreichen Gemeinden in Oberbayern, Allgäu, Tirol und Österreich. Wer eine gemütliche Hüttenhochzeit plant, sollte sich bei der jeweiligen Gemeinde nach den Terminen erkundigen, die oft auf Mitte bis Ende September fallen. Liebhaber von Tracht werden dabei ihre Freude haben: Das Ende des Almsommers ist bunt, fröhlich, begleitet von Musik, Tanzeinlagen und kulinarischen Leckereien. Ein Fest, das mit etwas guter Planung perfekt zur eigenen Hochzeit passen kann!

Gegen Ende September sollten sich vor allem Paare aus München gut überlegen, ob sie in der Stadt und dem nahen Umland heiraten wollen, denn das größte Volksfest der Welt, die Wiesn, öffnet ihre Tore. Überfüllte Straßen und öffentliche Verkehrsmittel sowie volle und überteuerte Hotels sind nur zwei Auswirkungen, wenn sich die Stadt in eine zweiwöchige Partymeile verwandelt und Gäste aus aller Welt herzlich willkommen heißt.

OKTOBER

Im Oktober sind der 3. (Tag der Deutschen Einheit) und der 31. zu beachten. Obwohl am 31. Oktober klassisch-amerikanisch Halloween gefeiert wird, gilt in Bayern in der Nacht auf den 1. November sehr oft Tanzverbot und Feierlichkeiten sind zu Allerheiligen nicht gerne gesehen. Am letzten Sonntag im Oktober wird auch die Uhr auf Winterzeit umgestellt – wer an diesem Wochenende feiert, feiert eine Stunde länger (oder genießt eine entspannte Extrastunde Schlaf).

NOVEMBER

Bis auf Allerheiligen gibt es keine gesetzlichen Feiertage im November, aber aufgrund seiner Nässe und Kälte ist es kein besonders beliebter Monat zum Heiraten – zu Unrecht! Viele Locations und Dienstleister haben wieder Luft und bieten attraktive Preise, um die Saison zu verlängern. Mit Feuer und Fackeln, Kerzen und Fellen gelingt auch im kalten Herbstmonat eine wunderschöne Hochzeit auf Hütten, Almen und in Stadln!

DEZEMBER

Zahlreiche Locations sind bereits ein Jahr im Voraus ausgebucht, denn Firmen, Privatpersonen und Vereine buchen die Räumlichkeiten für ihre Weihnachtsfeiern. Hier heißt es schnell sein! Außerdem steht bei vielen der Weihnachtsurlaub an. Freunde fahren in die Heimat, Familien buchen sich für zwei Wochen in Ferienhäuser ein und sind auch vor und zwischen den Feiertagen nur schwer zu fassen. Klärt frühzeitig mit euren Liebsten ab, wie es um ihre Dezemberplanung steht.

SILVESTER

Wer sich an Silvester trauen möchte, sollte frühzeitig mit seinen Gäs-
ten diese Möglichkeit abklären. Auch hier gilt, dass viele Locations für
Silvesterfeiern gebucht und Dienstleister einfach nicht verfügbar sind.
Aber mit genug Vorlaufzeit und Planung kann auch eine Hochzeit zum
Neujahr ein Fest werden, das keiner der Gäste so schnell vergisst!

UND BEI ALL DER ABSTIMMUNG UND PLANUNG
SOLLTEN DIE ZUKÜNFTIGEN BRAUTLEUTE NICHT
VERGESSEN, DASS ES VOR ALLEM UM SIE SELBST
GEHT, DENN DIE HOCHZEIT IST IHR GROSSER TAG!

Zwar kann man mit den engsten Familienmitgliedern und Freunden
das Timing abklären, aber nicht jeder zeitliche Sonderwunsch und jede
Urlaubsplanung muss berücksichtigt werden. Je größer die Gästezahl,
desto größer die Wahrscheinlichkeit, dass jemand am »perfekten Datum« nicht kommen kann. Auch das gehört zur Hochzeitsplanung dazu.

IV

BOHO, VINTAGE, RETRO & CO.:

DIE STILRICHTUNGEN IM ÜBERBLICK

Noch nie hatten Brautpaare so viele Möglichkeiten, ihre Hochzeit individuell und ganz im eigenen Stil zu gestalten wie heute. Und auch noch nie so eine Qual der Wahl. Was darf es sein? Das märchenhafte Schloss und ein Prinzessinenbrautkleid? Dazu Dekoration im Boho-Stil? Und ist Boho das Gleiche wie Vintage? Welche Elemente können auch im Boho-Look modern wirken? Hat »industrial« immer einen technischen Beigeschmack? Und was bedeutet eigentlich genau »urban« heiraten? Geht das auch in Tracht? In Zeitschriften, Büchern und auf Social Media stolpern Brautpaare immer wieder über Beschreibungen von Stilrichtungen. Auf Instagram hat der Hashtag #bohowedding 1,7 Millionen Beiträge, das deutsche Pendant #bohohochzeit immerhin noch 17 000. Wenn es um das Thema Konzept und Roter Faden geht, ist es wichtig zu wissen, was hinter den Begriffen steckt.

DER ÜBERTREND: BOHO

Das Wort »Boho« ist die Abkürzung von »Boheme«, ein Begriff, der wiederum einen gewissen Lebensstil und eine intellektuelle Subkultur im 19. Jahrhundert beschreibt. Die Boheme, das waren Maler, Musiker, Schriftsteller und andere Künstler, die sich von gesellschaftlichen

Zwängen und Konventionen ihrer Zeit losgelöst hatten. Es ging um die Themen wie Selbstfindung und Selbstverwirklichung, kreative Freiheit und das Ausleben von auch außergewöhnlichen bis hin zu exzentrischen Charakterzügen.

~ ~ ~

~ ~ ~

Eine Boho-Hochzeit ist nichts anderes als eine Hochzeit ganz nach dem individuellen Geschmack des Brautpaares. Traditionen können, müssen aber nicht eine Rolle spielen. Wichtig ist, dass das Brautpaar sich in der Zeremonie und den Feierlichkeiten ausdrücken kann. Oft sind Boho-Hochzeiten mit freien Trauungen statt mit einer kirchlichen Zeremonie verbunden. Aber auch eine kirchliche Hochzeit kann stilistisch Boho-Elemente aufgreifen. Die Dekoration ist oft Do-it-yourself und zukünftige Bräute verbinden die Hochzeitsvorbereitungen mit einem schönen Basteltag zusammen mit Freundinnen und Familienmitgliedern.

Stilistisch gesehen ist für die Braut vom Blumenkranz bis zum Spitzenkleid alles möglich. Das Make-up ist schlicht und natürlich gehalten, aber mit einem Wow-Faktor, denn die eigene Schönheit soll nicht übermalt, sondern unterstrichen werden. Eine edle Scheune, ein schicker Garten, Baldachins an einem See … das ist das perfekte Setting für eine Boho-Hochzeit. Die Ungezwungenheit, die mit dem Boho-Look einhergeht, bedeutet aber nicht, dass es nicht festlich werden darf. Ganz im Gegenteil! Immerhin verschrieb sich die damalige Boheme den schönen Dingen des Lebens. Daher sind echte Kristallgläser, tolle Stoffe und goldenes Besteck kein Stilbruch zu Wildblumen und Jutesäckchen mit Blumensamen als Gastgeschenke.

Liebesgeschichte: Biggi und Manu gaben sich im Sommer das Jawort in der Basilika von Ottobeuren. Anschließend wurde in der »Dampfsäg« in Sontheim gefeiert, einem riesigen, alten Industriedenkmal wie aus vergangener Zeit, mit viel Indoor- und Outdoor-Platz. Biggi entschied sich für einen sogenannten Hoop als Brautstrauß: Eine Art Ring, der

mit Blumen dekoriert wird (in dem Fall von Sieben Rosen Floristik). Und war begeistert, denn so hatte sie ihren Strauß stets dabei und doch immer die Hände frei. Als Kontrast zum fließenden Brautkleid wurden für das Hochzeits-Shooting dann noch bunte Rauchbomben gezündet. Klassisch elegant und doch außergewöhnlich – ganz Boho eben!

Fotos von Melanie Wirth Photodesign

ZWANGLOS IM HIPPIE-STIL

Wer eine Hippie-Hochzeit feiert, geht noch einen Schritt weiter ins Ungezwungene und Unkonventionelle. Die Hippie-Bewegung feierte in den vergangenen Jahrzehnten die komplette Loslösung von allen gesellschaftlichen Strukturen. Sie setzte auf Gemeinschaft, Naturverbundenheit, die Abwendung von Konsum und auf körperliche Freizügigkeit. Eine Hochzeit, die nicht nur den Look der Hippie-Bewegung imitiert, sondern auch ihren Geist lebt, kommt meist vollkommen ohne gekaufte Dekoration und designte Konzeptideen aus. BBQ und Lagerfeuer, tagesfrische Blumen aus dem Blumenladen nebenan, ein mitgebrachtes Buffet. Gefeiert wird nicht selten im eigenen Garten oder einem Hof von Freunden, Nachbarn oder Familienmitgliedern.

VINTAGE-WEDDING

Anders als Boho geht es beim Vintage-Stil nicht darum, Konventionen zu brechen. Ganz im Gegenteil! Es geht um den Charme alter Traditionen und auch alter Gegenstände, die eine Geschichte erzählen. Ein bisschen eben wie zu Urgroßmutters Zeiten. Denn auch die eigene Hochzeit soll genau das sein: eine zeitlose Liebesgeschichte, ganz gleich ob in 10, 20 oder 50 Jahren. Gerade beim Stil werden die Begriffe Boho und Vintage ähnlich verwendet. Ein Vintage-Kleid für die Braut zeichnet sich durch viel Spitze, Schleppe und mitunter auch einen Schleier aus. Als Location passen Ballsäle und Innenhöfe von Schlössern und Klöstern perfekt, denn sie lassen sich am besten mit antiken Gefäßen, großen, alten Kerzenleuchtern, handgeschriebener Papeterie und Elementen aus Gold, Silber

Foto von Eliza Szablinska/Unsplash

und Glas dekorieren. Alte Lederkoffer, Weinkisten oder sogar Schreibmaschinen und Kameras dienen als weitere Dekorationselemente. Ein Highlight kann zum Beispiel auch ein cremefarbener VW-Bus als Hochzeitsauto sein!

RETRO-LOOK

Anders als vermutet ist Retro nicht gleich Vintage. Ganz und gar nicht! Während der Vintage-Look sich am 19. Jahrhundert orientiert, steht Retro für die 1950er- und 1960er-Jahre und ist damit ein ganz eigener, ausgefallener Hochzeitstrend. Hier spielen klare Schnitte und Designs eine große Rolle. Für Rüschen, Spitzen und Klimbim ist kein Platz, es dürfen monochrome und kräftige Farben sein. Dabei liegt der Charme der Retro-Hochzeit im modernen, glamourösen Stil. Da darf das Brautkleid auch schon mal nur knie- oder wadenlang sein. Wie festlich das aussehen kann beweisen Labels wie zum Beispiel *Küssdiebraut*, die eine ganze Kollektion mit kurzen Kleidern im Retro-Stil anbietet. Als Location passt ein stylisches Restaurant oder auch ein Dachloft. Hauptsache nicht zu romantisch-verspielt. Eine Vespa im Hintergrund macht die Hochzeitsfotos perfekt.

RUSTIKAL IN BAYERN

Ländlich, familiär, natürlich – das beschreibt den Rustikal-Stil für Hochzeiten am besten. Zusammen mit einigen Vintage- und Boho-Elementen ist das nach wie vor einer der am meisten umgesetzte Stile in Bayern bei Hochzeiten. Das ist auch kein Wunder, denn hier passen Scheunen, Stadl und urige Hütten perfekt in das Konzept. Das Brautpaar trägt oft Tracht oder die Braut ein Kleid im Vintage-Stil, die Haare werden klassisch zu einem Kranz oder aufwendigen Zopf geflochten. Was Blumen und Dekoration angeht, so ist regional und saisonal ein großes Thema. Die Sträuße sollen aussehen wie frisch von der Wiese gepflückt. Bei Dekoration und Einrichtung spielen Holz, Jutestoffe und Leinen eine essenzielle Rolle. Es soll gemütlich und behaglich sein. Zahlreiche Berghütten und -restaurants haben sich im Alpenraum auf Hochzeiten spezialisiert und bieten beides: rustikalen Charme und moderne Logistik.

URBAN – DIREKT MITTENDRIN

Urban zu heiraten wird bei jungen Paaren immer beliebter, denn es bedeutet, in der (Groß-)Stadt zu heiraten, in der man lebt. Keine aufwendigen Location-Besichtigungen auch mal 100 Kilometer entfernt, keine Organisation für die Anlieferung von Floristik und Hochzeitstorten, keine Planung von Pensionen und Hotelzimmern für Verwandte und Freunde. Stattdessen wird München mit all seinen Möglichkeiten genutzt: mit dem Taxi zum Standesamt, Fotos im Hofgarten und dann Anstoßen in einem exklusiv gemieteten Café ums Eck. Oder die freie Trauung auf einer der zahlreichen Dachterrassen mit anschließender Feier, Blick über die nächtliche Stadt inklusive.

Eine urbane Hochzeit ist kein Gegensatz zur Romantik. Es ist viel eher eine bewusste Entscheidung, den schönsten Tag des Lebens so zu feiern, wie man auch lebt: modern und innenstadtnah, ungeschnörkelt, vielleicht auch ein bisschen instagrammable, manchmal sogar minimalistisch, auf jeden Fall aber hochwertig. Im Gegensatz zu Paaren, die sich für eine Hochzeit im Grünen entscheiden, brauchen Paare der urbanen Feiern den Buzz der Stadt, das Flair des Alles-möglichen, Alles-erreichbaren.

UND DAMIT BRICHT AUCH DIE URBANE HOCHZEIT
MIT KLISCHEES UND TRADITIONEN. AUCH SIE IST
EIN AUSDRUCK DES NEUEN INDIVIDUALISMUS.

Wie auch immer man sich entscheidet, den Hochzeitstag zu feiern – das Wichtigste ist, dass man sich selbst treu bleibt, seine eigenen Entscheidungen trifft und sich auf der eigenen Feier zurücklehnen und genießen kann. Ein falscher Stil, »weil man das so macht«, ist wie ein zu enger Schuh. Er mag schön aussehen, aber er drückt unangenehm. Daher sollte sich das Brautpaar vorab gut Gedanken machen, was ihren Werten, Vorlieben und Geschmäckern entspricht.

Liebesgeschichte: Das Shooting mit Jule und Sharon entstand an einem perfekt hochsommerlichen Tag in Kirchstett. Chrissie Spieß von Mrs. Right *stellte als Hochzeitsplanerin das farbenfrohe Konzept auf die Beine, das auf den türkisfarbenen, blauen, grünen und kupfernen Tönen eine Pfauenfeder basiert. Auch die Papeterie stammte aus ihrer Feder. Passend dazu lieferte* Makrameekunst *tolle Backdrops,* Jasmyn von Blumenstil München *die Floristik, die Torte und Sweet Table kreierte* Spindler&Malburg

und die detailverliebten *Grazingboards stammen aus der Küche von* Kombüse Catering. *Das Paar trug Kleider von* Haus der Braut. *Als Fotografin hielt Lia Wagner von* Wild Soulmates *die schönen Augenblicke fest.*

Fotos von Lia Wagner / Wild Soulmates

43

V

TREND WATCH:

GREEN WEDDING – NACHHALTIG HEIRATEN

Nachhaltigkeit ist mehr als nur ein kurzweiliger Trend: Was wir essen, was wir tragen, die Art wie wir verreisen hat sich in den letzten Jahren konstant verändert. Immer mehr Menschen hinterfragen Produktions- und Arbeitsbedingungen, Qualität und Herkunft von Lebensmitteln und Kleidung sowie die Konsequenzen des eigenen Handelns. Die eigene Hochzeit scheint zunächst das Gegenteil von Nachhaltigkeit zu sein: die ganzen Mühen, die Planung, die Dekoration, das Brautkleid, die Blumen ... alles nur für einen einzigen Tag, der unglaublich viele Ressourcen verbraucht. Zeitgleich wollen sich viele Brautpaare es sich nicht nehmen lassen, diesen Tagen so frei zu gestalten, wie sie es sich wünschen.

GEHT DAS THEMA HEIRATEN ÜBERHAUPT MIT DEM
GEDANKEN DER NACHHALTIGKEIT ZUSAMMEN?
ZAHLREICHE DIENSTLEISTER UND PAARE AUS
BAYERN SAGEN INZWISCHEN: »JA, ES GEHT!«

Green Wedding, also die »grüne, nachhaltige Hochzeit«, ist ein immer größerer Trend, der wie so oft aus den USA nach Deutschland schwappt. Es geht nicht um eine Braut, die in Jutekleid und Korkschlappen zum Altar schreitet (außer natürlich, sie möchte das!) und auch keinesfalls darum, sich einzuschränken – ganz im Gegenteil! Wer eine nachhaltige

44

Trauung plant, entscheidet sich bewusst für Qualität statt Quantität und für das Beste, was die eigene Region zu bieten hat.

Oft ist Regionalität und Saisonalität auch eine Preisfrage, denn Fotografen vor Ort benötigen keine teure Anreise oder Logis und Floristen können bei Saisonblumen auf lokale Händler zurückgreifen, statt auf kostspielige internationale Lieferungen aus der Großmarkthalle. Bei Produkten aus kleinen Krämerladen spart man Verpackung und Versand und wer sich für eine Location in seiner Heimatstadt entscheidet, muss mit dem Auto nicht unzählige Kilometer zurücklegen.

Ganz gleich also ob pestizidfreie Blumen, regionale Biozutaten für das Hochzeitsmenü oder fairer Goldschmuck: Auch die Statussymbole haben sich verändert. Ein teures Auto, namhafte Markenkleidung und auffallender Goldschmuck sind immer weniger Ziele junger Erwachsener. Es geht nicht mehr darum zu zeigen was man hat, sondern zu leben, was man ist. Mehr denn je geht es um flexible Lebensgestaltung, eine gesunde Lebensweise, echte und tiefe Erfahrungen. Da passt die Hochzeit als persönliches Fest der Liebe mit Freunden und Familie viel mehr in die eigene moderne Lebensführung. Ob sich das Thema Nachhaltigkeit wie ein roter Faden durch die Feier zieht oder man nur einzelne Aspekte danach ausrichtet, bleibt dabei jedem Brautpaar selbst überlassen.

LOCATIONS

Schon bei der Wahl der Hochzeits-Location kann man sehr viel richtig machen, daher steht das meist ganz am Anfang der Hochzeitsplanung. Erst danach kommen Kleid, Caterer, Fotografen und Co. Kommunikation ist alles, daher sollten Location-Betreiber bereits vor der Feier darüber informiert werden, dass auf Nachhaltigkeit Wert gelegt wird. Verzichtet werden sollte zum Beispiel auf Strohhalme, Wegwerfservietten oder Plastikschalen. Inzwischen gibt es immer mehr Biohotels und auch Biowirte, für die das eine Selbstverständlichkeit ist und die ihre Räume für Feiern zur Verfügung stellen. Auf diese Weise hat man bereits für regionale, saisonale Küche gesorgt, denn die Biohöfe beliefern nicht selten Märkte und Restaurants in der Nähe.

UNKOMPLIZIERT & IN DER NATUR: »PROJEKT DRAUSSEN«

Kurz vor München liegt ein wahres Schmuckstück für freie Trauungen und individuelle Hochzeiten mitten in der Natur: willkommen bei »Projekt Draussen«! Ein Rückzugsort, Kreativraum, Ort zum Zusammenkommen, Pläne schmieden und Ideen wahr werden lassen. Philipp und Rolf haben hier etwas Einzigartiges geschaffen. Urigkeit und Gemütlichkeit trifft auf hochwertige Ausstattung und flexible Nutzungsmöglichkeiten, auch für Brautpaare.

NACHHALTIGER VINTAGE- UND SHABBY-CHIC IN DER »ALTEN GÄRTNEREI«

»Die Alte Gärtnerei« ist alles andere als ein Geheimtipp und gehört mittlerweile zu einer der beliebtesten Hochzeits-Locations in München. Wer nachhaltig feiern möchte, ist hier aber gut aufgehoben: Immerhin muss so gut wie keine künstliche Dekoration gebastelt oder eingekauft werden. »Die Alte Gärtnerei« versprüht ihren Charme durch die lichtdurchfluteten Gewächshäuser, Steinmauern und natürlich viel Grün und Blumen, die dauerhaft in den Räumlichkeiten aufgestellt sind.

EIN MARKTPLATZ MITTEN IN MÜNCHEN: DER »STEMMERHOF«

Der geschichtsträchtige »Stemmerhof«, ein ehemaliger Bauernhof am Sendlinger Berg, ist heute ein moderner Dorfplatz, der das Stadtleben schöner macht. In den kleinen Hofeingängen finden sich unter anderem ein Biomarkt, eine Goldschmiede und natürlich ein Restaurant. In der alten Scheune haben 50 bis 80 Personen Platz zum Feiern.

GANZHEITLICH & FAMILIÄR AUF »GUT SONNENHAUSEN«

Vielen ist nicht bewusst, dass es sich beim »Gut Sonnenhausen« nicht weit von München um einen echten Familienbetrieb und einen Biowirt handelt, der aus den Hermannsdorfer Landwerkstätten heraus entstanden ist, dem Projekt für regionale Lebensmittelwirtschaft. Neben Landschaftsschutz und ökologischem Anbau sind Kunst, Kultur und Austausch wichtige Grundpfeiler des Guts. Mit seinen tollen Räumlichkeiten, dem historischen Gebäude an sich und dem weitläufigen Garten einfach die perfekte Location!

Seit 1860 stehen die Gebäude des ehemaligen Guts schon auf dem Grundstück, umgeben von naturbelassenen Wiesen und Biotopen. Entschleunigen und zur Natur zurückfinden sind die Eckpfeiler der Philosophie. Ein romantischer Apfelgarten mit Bäumen, in deren Schatten man im Sommer anstoßen kann. Platz für Lampions, Outdoorlichterketten und Tipi-Zelte. Genug Raum für lange Tafeln, an denen Freunde und Familie Platz finden. Und wenn Regenwolken aufziehen, kann man schnell in eine restaurierte Tenne flüchten. Gefeiert werden kann in Kirchstett zu jeder Jahreszeit.

~ KLEINER TIPP ~

Alte, liebevoll restaurierte Busse, auch von US-Schulen zu mieten, gibt es bei *Apollo Oldtimer*!

Wenn die Feier an einem anderen Ort als dem Lebensmittelpunkt des Brautpaares stattfindet, lässt sich für viele Gäste eine längere Anfahrt nicht vermeiden. Hier macht es Sinn, vorab Shuttles und Fahrgemeinschaften zu organisieren. Das kann zum Beispiel ein regionales Taxiunternehmen anbieten oder man mietet einen Oldtimerbus für die Hochzeitsgesellschaft.

DEKORATION

Die wohl einfachste und effektivste Art, die eigene Hochzeit nachhaltig zu gestalten, ist es, auf lokale, professionelle Verleiher zu setzen, anstatt die Dekoration selbst einzeln einzukaufen und nur einmal zu verwenden. Für viele klingt Do-it-yourself zunächst nach einer umweltschonenderen Methode, bei näherem Hinsehen entpuppt sich das allerdings schnell als Irrtum. Plastikmüll in Form von Verpackungen entfällt, man spart einiges an Zeit und muss dann nicht mehrere Monate lang die nicht mehr benötigten Gegenstände im Keller horten, bis man sie weiterverkaufen oder verschenken kann.

Regionale Dekorateure und Floristen bieten eine große Auswahl an Gegenständen, sodass Brautpaare sich ihr perfektes Setting für den eigenen Hochzeitsstil ganz individuell und nach eigenem Geschmack zusammenstellen können. Von Vasen und Schildern in allen erdenklichen Farben bis hin zu alten Schreibmaschinen, Koffern, Grammophonen, Pompons und großen Flamingos ...

NIMMPLATZ

Der Möbelverleiher mit Sitz in Köln und München bietet alles, was man sich für eine außergewöhnliche, individuelle Hochzeit nur wünschen kann. Neben großen Möbeln wie Stühlen und Tischen finden Brautpaare hier Puffs und Öllampen, Teppiche und Dekokissen, Wegweiser, alles für die Bar, Traubögen, Staffeleien und sogar antike Türen.

MY PRETTY WEDDING

Das Team der Eventdesign- und Dekorationsfirma bietet nicht nur wunderschöne, liebevolle Gegenstände und Möbel zum Verleih an, sondern übernimmt nach Wunsch auch die Konzepterstellung oder die Abstimmung mit dem Floristen. Brautpaare, die sich vor und nach der Hochzeit um nichts kümmern wollen, können sich auf einen schnellen Auf- und Abbauservice verlassen.

FLORISTIK

Gerade in der Floristik haben Brautpaare die Möglichkeit, einen Fokus auf Nachhaltigkeit zu legen, indem sie auf regionale und vor allem saisonale Blumen und Gewächse zurückgreifen. Wer im Alltag auf Erdbeeren im November verzichtet, kann auch gemeinsam mit dem Floristen überlegen, welche Alternativen es zum Beispiel für Pfingstrosen im Februar geben kann. Je nach Heiratsmonat müssen die Pflanzen für Brautstrauß und Dekoration sonst als Import auf dem Großmarkt eingekauft werden, die durchaus mit Pestiziden behandelt werden, um sie haltbarer zu machen. Wer in den Sommermonaten heiratet, hat natürlich eine sehr große Auswahl an frischen Schnittblumen direkt vom Feld nebenan. Aber auch Bräute, die im frühen Frühling, Herbst oder auch im Winter heiraten, müssen nicht auf einen üppigen Brautstrauß verzichten.

NEBEN SATTER GREENERY WIE EUKALYPTUS,
SUKKULENTEN UND FARN STEHEN DER
WINTERBRAUT PRÄCHTIGE AMARYLLIS, ELEGANTE
HEXZWEIGE ODER DIE ZARTEN UND VIELFÄLTIGEN
RANUNKELN ZUR VERFÜGUNG.

Wer noch einen Schritt weiter gehen möchte, kann sich überlegen, die Tischdeko aus getopften Pflanzen zu gestalten und sie sich bei einer Baumschule auszuleihen. Im Fall, dass die Pflanzen gekauft werden müssen, können sie im Anschluss an die Hochzeit an die Gäste verschenkt werden. So können sich auch diejenigen an Hochzeitsblumen erfreuen, die den Brautstrauß nicht gefangen haben.

Ina von der *Tischerie* kümmert sich mit Herz und Gefühl um florale Konzepte: wild, natürlich, locker, unkonventionell. Sie arbeitet dabei nicht nur mit Schnittblumen und Greenery, sondern auch mit Kräutern, Topfpflanzen oder Trockenblumen. Die Klassiker gehören zu ihrem Portfolio wie das kleine Einmaleins, aber es sind die kreativen Ideen, die Träume, die vagen Vorstellungen von außergewöhnlicher Blumendekoration, die sie reizen. Und seit 2019 kann man sie in ihrem Laden in der Kazmairstraße in München aufsuchen.

CATERING

Fragt man Brautpaare, was ihnen bei ihrer Hochzeit sehr wichtig ist, so ist »Essen!« ganz vorne mit dabei. Und das zurecht! Am Tisch kommen Freunde und Familie zusammen, man stößt gemeinsam an und genießt die ersten Bissen nach der Aufregung des Tages. Dabei spielen auch hier, ähnlich wie in der Floristik, Regionalität und Saisonalität eine große Rolle. Viele Restaurants und Caterer arbeiten bereits ausschließlich mit Betrieben und Bauern zusammen, von denen sie die Produkte direkt beziehen. Woher kommt das Fleisch, woher die Milchprodukte, wo wird Obst und Gemüse eingekauft? Wenn tropische Produkte auf den Tisch kommen, ist Fairtrade ein Thema beim Einkauf? Nachfragen lohnt sich, denn man schmeckt den Unterschied! Ines realisierte mit *Feinkochwerk* ein kreatives Catering für den Münchner Raum. Für ihre individuell abgestimmten Menüs und Fingerfood-Variationen legt sie viel Wert auf saisonale und regionale Lebensmittel. Dabei kommen im Sommer zum Beispiel in Bierteig frittierte und gefüllte Zucchiniblüten und im Winter pochierte Rotweinbirne auf den Tisch.

NACHHALTIGKEIT BEDEUTET NICHT NUR AUF
HERKUNFT UND HERSTELLUNG VON PRODUKTEN
ZU ACHTEN, SONDERN AUCH, DIE REGIONALE
GEMEINSCHAFT MITEINZUBEZIEHEN,
SIE TEILHABENZULASSEN, SICH AUSZUTAUSCHEN
UND AUCH ZURÜCKZUGEBEN.

KONDITOREI & NASCHWERK

Bei Hochzeitstorte, Sweet Table, Donut-Bar & Co. kann das Brautpaar auf regionale Biozutaten achten. Professionelle Konditoreien bieten inzwischen standardmäßig auch glutenfreie und vegane Variationen an, ohne dass Abstriche beim Geschmack gemacht werden müssen, ganz im Gegenteil! Vegane, weiße Schokomousse mit Karamell und Birnen ist für viele Brautpaare und Gäste verführerischer als ein simpler Erdbeerkäsekuchen. »Omas Kuchen schmeckt am besten!« Das hat sich das Münchner Unternehmen *Kuchentratsch* gedacht. Deshalb backen hier Omas und

Opas ihre besten Rezepte mit einer großen Prise Humor, Liebe und Leidenschaft. Nach dem Ausscheiden aus dem Berufsleben und dem Beginn des neuen Lebensabschnitts finden sich viele Senioren und Seniorinnen in Isolation und dem Gefühl des Nicht-gebraucht-werdens wieder, oft verbunden mit finanziellen Einbußen. *Kuchentratsch* arbeitet gegen diese Entwicklung und bietet nicht nur den Omas und Opas ein Netzwerk und eine neue berufliche Perspektive, sondern bereitet auch Brautpaaren Freude mit Naked Cakes und Kuchenbuffets.

BRAUTKLEID

Das Brautkleid ist ein wichtiges und oft emotional geladenes Thema. Manche Braut sucht monatelang nach *dem einen* perfekten Kleid … Hier noch auf Nachhaltigkeit zu achten, ohne seinen Stil und seine Traumvorstellungen aufzugeben, kann mitunter wie ein Ding der Unmöglichkeit erscheinen. Dabei sind zahlreiche Kleider europäischer Labels echte Handarbeit aus hochwertigen Materialien, made in Europe. Einfach im Brautgeschäft nachfragen oder auf der Website spicken, vielleicht ist das perfekte Kleid bereits unter nachhaltigen Gesichtspunkten hergestellt worden. Inzwischen gibt es auch zahlreiche regionale Brautdesigner, die den höchsten Ansprüchen gerecht werden. Jedes Teil ist dann ein Unikat, made in München und dem Alpenvorland.

~ *Juliful Bridal Couture* funktioniert nach einem Mix- & Match-Prinzip: Das Brautkleid besteht aus einem Rock und einem separaten Oberteil. Besonders toll: Das Top kann nach der Hochzeit auch mit Jeans und High Heels kombiniert werden.

~ Die Styles von *Lilly Ingenhoven* sind sleek, modern, avantgardistisch. Wer nach einem hochwertigen, luxuriösen Kleid aus Seide sucht, wird hier fündig. Die Designs sind zeitlos und elegant und passen perfekt zu einer modernen Braut.

~ Egal ob ein schicker Hosenanzug, elegante lange Kleider mit einem raffinierten Rückenausschnitt oder ein kurzes Weißes – die neue Kollektion von *Stelleena* begeistert mit klaren, cleanen Schnitten und außergewöhnlichen Details.

~   Bei *Silk & Honey Couture Atelier* aus Rosenheim wird das Kleid der
    zukünftigen Braut direkt auf den Leib geschneidert, denn hier
    wird Haute Couture gelebt. Die Stoffe stammen dabei aus Deutsch-
    land, Österreich, Schweiz, Frankreich, Italien oder England, nur
    das Beste wird hier zum Brautkleid gemacht.

Dazu gibt es einen großen Markt für bereits getragene Brautkleider, über
Second Hand oder richtige Vintage-Teile aus vergangenen Jahrzehnten,
die man beim Schneider nach seinem Geschmack anpassen lassen kann.
Gerade bei qualitativ hochwertigen Designerstücken lohnt sich ein Blick
in die Second-Hand-Börsen! Hierfür bieten sich eBay und eBay-Klein-
anzeigen, so wie Facebook-Gruppen rund um das Thema Hochzeit an.
Oftmals kostet ein einmal getragenes Kleid weniger als die Hälfte des
Ladenpreises.

SCHMUCK

Lange Zeit war das Thema Schmuck und seine Herkunft und Herstellung
nicht im Fokus der Nachhaltigkeitsdebatte. Immer mehr und mehr Bräute interessieren sich jedoch für den Weg, den das Gold für die Eheringe
zurücklegt. Bei konventionellen Geschäften und Online-Shops ist dieser jedoch größtenteils nicht transparent und kann nicht nachverfolgt
werden. Dabei ist im Goldgeschäft Korruption, Umweltzerstörung und
Kinderarbeit eher die Regel als die Ausnahme. Mehr und mehr Juweliere
und Goldschmiede entscheiden sich daher bewusst, nur faires Gold für
die Herstellung von Eheringen zu verwenden. Dieses ist zertifiziert und
die Herkunft kann genau nachvollzogen werden. Der Abbau unterstützt
dann zum Beispiel Dörfer und Gemeinden und Kinderhände können sich
Stift und Papier in einer Schule widmen statt Hammer und Spitzhaken.
Auch recyceltes Gold kann für Eheringe verwendet werden!

~ ~ ~

Wie sieht er aus, der perfekte Ehering? Jedes Paar muss diese Frage für sich selbst beantworten. Mal eben beim Juwelier vorbeischauen, kann für viele überwältigend und unbefriedigend sein. Auf der einen Seite ist da eine riesige Auswahl und auf anderen das doch nagende Gefühl, dass »von der Stange« einfach nichts passt. Immerhin sucht man hier nach etwas, das für die Ewigkeit gedacht ist, etwas, das man jeden Tag trägt und sieht, dem eigenen Geschmack entspricht und individuell ist. Ein Stück muss es sein, das einen mit dem Partner verbindet, die ganz persönliche Geschichte der

Liebe erzählt und daher ein wichtiges Symbol für den Bund fürs Leben ist. Und genau das machen Maria und Michael mit ihrem Atelier, Werkstatt und Goldschmiede *Runde Ringe* möglich: Denn hier haben Brautpaare die Möglichkeit, ihre Trauringe unter fachkundiger Anweisung selbst zu schmieden! Hinter dem freundlichen, hellen Atelier im Glockenbachviertel verbirgt sich der Ort *where the magic happens*. Zitronen- oder Goldgelb, Rosé oder Platin, mit oder ohne Steinen, perfekt glänzend oder wie grob geschliffen – in einem ersten Beratungsgespräch geht es zunächst darum, die eigenen Wünsche und Vorstellungen abzuklären. Verarbeitungstechniken werden erklärt und Material gemeinsam ausgesucht.

Maria und Michael haben sich für einen nachhaltigen Weg entschieden und verwenden für ihre Arbeit und die Kurse recyceltes Gold, das in einem besonderen Verfahren aufgearbeitet wurde. »Viele Kunden wünschen sich, dass sie eigene Erbstücke mitnehmen können – die Verarbeitung von Mischmaterialien ist allerdings aufwendig und bedarf viel Erfahrung. Das ist tatsächlich nur etwas für Handwerker mit Erfahrung und eignet sich nicht für einen Kurs«, erklären die zwei Goldschmiede.

Der Kurs selbst ist dann mit drei Paaren voll belegt. Unter den aufmerksamen Augen und stets berei-

ten, helfenden Händen kann man dann schweißen, klopfen, schmirgeln, formen. Einige Teilnehmer gehen davon aus, dass die Ringe im Nachhinein von den Schmieden perfektioniert werden. Da müssen Maria und Michael lachen, denn die Ringe sind nach dem Kurs bereits perfekt. Wer keinen Stein oder keine Gravur möchte, kann seine Stücke auch sofort mitnehmen. Persönlicher, echter geht es nicht!

Und wer keine Zeit hat oder seinem handwerklichen Geschick nicht traut, kann die Ringe natürlich auch bei Maria und Michael bestellen. Diese werden dann ganz nach Wunsch individuell angefertigt.

~ ~ ~

Einfach mal bei den Frauen der Familie nachfragen, ob es eventuell Goldschmuck gibt, der keine Verwendung mehr findet und eingeschmolzen werden kann. Mama, Omas und Tanten haben oft ungetragene Ohrringe, Ringe oder Armketten in den Schmuckschatullen liegen und freuen sich, wenn sie auf diese Art und Weise zur Ehe beitragen und ein Teil davon sein können. Somit werden die Eheringe echte Familienstücke! Allerdings ist eine enge Absprache mit dem Juwelier notwendig, denn nicht alle Edelmetalle können einfach so eingeschmolzen und gemischt werden.

GASTGESCHENKE

Die Tradition der Gastgeschenke brachten früher Brautpaar und Gäste zum Verzweifeln. Was kann man vielen Gästen schenken, ohne sich sofort zu verschulden? Was ist angemessen und persönlich und vielleicht sogar auch nützlich? Leider kamen dabei Kuriositäten heraus wie Schlüsselanhänger, Flaschenöffner mit einem Monogramm oder Kühlschrankmagneten mit einem Bild des Paares. Irgendwann verschwanden diese in Kellerkisten oder direkt nach der Hochzeit in der Tonne. Schade um verbrauchte Ressourcen, den Müll und ungeschätzten Aufwand. Inzwischen gibt es tolle Ideen für Gastgeschenke, an denen die Gäste wirklich ihre Freude haben, auch über den Abend hinaus.

Am besten verwendet man Gastgeschenke auch gleich als Platzkärtchen auf den Tischen, denn viele Gastgeschenke lassen sich individuell beschriften!
Auch eine gute Idee: Schöne Steine mit Mustern verzieren, beschriften und als Tischkarten nutzen.

Wie wäre es mit einer der folgenden Ideen:

~ Sukkulenten oder kleine Pflanzensetzlinge für Haus, Balkon und
Garten. Ein schönes, nachhaltiges und symbolisches Geschenk,
das bei guter Pflege – wie die Liebe und Ehe – Jahrzehnte über-
dauern kann.

~ Samen- und Blumenmischungen in Leinensackerl packen, eventuell auch beschriften und so gleichzeitig als Tischkarten nutzen.

~ Pralinen, Macarons, Mini-Donuts: Alles, was den Appetit anregt
und sofort vernascht werden kann, kommt nie aus der Mode! Einfach darauf achten, dass die Leckereien nicht in Plastik eingepackt
werden. Versüßt das Warten auf den Start der Feier.

~ Marmeladen, Jams, Chutneys: Wer sich nicht selbst an den Herd
stellen möchte, kann auf tolle Concept Stores, Kramerläden und
lokale Manufakturen zurückgreifen und diverse Produkte in Mi-
nigrößen von regionalen Händlern erstehen. Diese können dann
ganz individuell mit der Hand zusätzlich beschriftet werden.

Es gibt sehr wenige Punkte einer Hochzeit, die als absolute No-Gos zu bezeichnen wären, denn jedes Brautpaar ist anders und legt Wert auf unterschiedliche Dinge. Aber einige Trends der letzten Jahre sind (zum Glück!) auf dem absteigenden Ast. Immer weniger Fotografen erklären sich bereit, diese Momente festzuhalten und immer weniger professionelle Dienstleister bieten sie an:

~ Tiere wie Tauben oder Schmetterlinge, die »losgelassen« werden, haben auf Feiern nichts verloren. Tiere, egal wie groß oder klein, sind keine Dekorationsgegenstände. Tauben finden oftmals nicht in den Heimatschlag zurück und Schmetterlinge werden in abgedunkelten, kalten Kisten angeliefert, die ihre Schlafbedingungen simulieren sollen. Oftmals stirbt dabei aber ein großer Teil der Population. Kein schöner Gedanke und auch kein schöner Anblick, der sich wirklich vermeiden lässt.

Foto von Suhyeon Shoi / Unsplash

~ Hach, wer kennt sie nicht, die Tradition, Luftballons mit Kärtchen steigen zu lassen. Was genau mit dem Ballon, der Schnur und der Karte im Nachhinein passiert, interessierte dabei lange Zeit die Wenigsten. Die Plastikteile verfangen sich natürlich in den Bäumen, landen als Plastikmüll in freier Natur, auf Weidefeldern, in

Nestern und auch in Seen. Zwar gibt es inzwischen »abbaubare Ballons«, das Müllproblem besteht aber weiterhin. Man würde ja auch nicht einfach einen Plastikbeutel auf einer Wanderung wegschmeißen!

~ So schön es ist, bei der standesamtlichen Trauung oder der Party Glitzer und Konfetti zu streuen, so schädlich sind die kleinen, feinen Partikel für die Umwelt, denn oft können nicht alle Teile rückstandslos wieder zusammengekehrt werden und finden ihren Weg in Wiesen, Wälder und Wasserläufe. Stattdessen sollte man besser zu abbaubaren oder natürlichen Varianten greifen. Einfach beim Floristen zusätzliche Blüten anfordern, die man in kleinen Papiertüten an die Gäste geben kann.

~ Wer kennt sie nicht, die atemberaubenden Bilder aus Asien, wo hunderte von sogenannten Himmelslaternen glühend in den Nachthimmel steigen ...? In Deutschland ist das Steigenlassen der Laternen grundsätzlich jedoch nicht gestattet, zu groß ist die Feuergefahr, wenn eine Laterne brennend auf ein Hausdach stürzt. Wer das ignoriert, muss mit empfindlichen Geldstrafen rechnen. Und das ist es nicht wert!

DOCH DAS ALLERWICHTIGSTE: GENAUSO WENIG
WIE ES DIE EINE PERFEKTE HOCHZEIT GIBT,
GIBT ES NICHT DIE EINE PERFEKTE
NACHHALTIGE HOCHZEIT!

Die Planung einer »regulären« Hochzeit in all ihren Details und Facetten kann für das Brautpaar bereits überwältigend bis hin zu phasenweise sogar lähmend sein. Der Grundgedanke einer nachhaltigen Hochzeit sollte sich entspannt und natürlich anfühlen und keinesfalls mit Schuldgefühlen und Scham einhergehen. Umso wichtiger ist es, mit sich selbst nachgiebig zu sein, wenn sich etwas nicht wie gewünscht umsetzen lässt oder nicht alle Aspekte bedacht werden können. Genau wie im Alltag, in dem man auf To-Go-Becher oder Plastikstrohhalme verzichtet, machen bereits wenige kleine Schritte einen großen Unterschied.

VI

TREND WATCH:

BRAUCHTUM IS BACK!

Neben dem Thema Nachhaltigkeit gibt es noch einen weiteren Trend, der immer stärker an Bedeutung gewinnt. Aber eigentlich stellt sich die Frage, ob es ein Trend oder nicht viel eher ein Revival ist? Traditionen und Bräuche streifen immer mehr ihr verstaubtes Image ab und erfreuen sich bei jungen Paaren wieder wachsender Beliebtheit. Es geht dabei um Spaß und Unterhaltung und den ein oder anderen kleinen Seitenhieb Richtung Braut und Bräutigam, gefolgt von Segnungen und Glückwünschen. Dabei eine Piñata im Stadl aufhängen oder bei einer Seehochzeit die Hände mit Henna schmücken sind längst keine Stil- und erst recht keine Tabubrüche mehr.

DA HOCHZEITEN IMMER INDIVIDUELLER UND PERSÖNLICHER, ABER AUCH VIELFÄLTIGER UND INTERNATIONALER WERDEN, SIND DIE NEUEN HOCHZEITSRITEN OFT EIN BUNTER MIX AUS BAYERISCHER HOCHZEITSKULTUR, PERSÖNLICHEN EINFLÜSSEN UND AUCH TRADITIONEN UND SITTEN AUS ANDEREN LÄNDERN.

Während einige Hochzeitstraditionen, wie der Brautstraußwurf, das Tragen eines weißen Kleides oder das Streuen von Blüten und Reis, nie aus der Mode gekommen sind, gibt es andere, die erst wieder nach und nach wieder Verbreitung finden.

DIE BRAUTENTFÜHRUNG (BAIRISCH: »BRAUTVERZIAGN«)

Seinen neuen Schatz muss der Mann schon hüten – vor allem, wenn man frisch getraut ist! Die Brautentführung war in den letzten Jahren nicht mehr oft zu sehen. Da die Brautpaare ihre Feier immer akribischer planten, wurde es für Familie und Freunde immer schwieriger, eine »Entführung« in den Tagesablauf einfließen zu lassen. Vor allem ohne das Wissen des Brautpaares. Die immer professioneller geplanten Hochzeiten ließen dafür zeitlich keinen Spielraum mehr und die Bräute, so sagt man, reagierten nicht immer mit Freude, wenn ihr perfekt geplanter Tag nicht so verlief, wie sie es monatelang vorbereitet hatten. Aber mit der Tendenz zum Hochzeitswochenende zieht auch dieser Schabernack wieder in die Festlichkeiten ein. Wenn Freitag eine standesamtliche Trauung erfolgt und erst am Samstag zeremoniell und festlich gefeiert wird, gibt es mehr als genug Zeit, die Braut im kleinen Kreis zu entführen. Das ist dem Bräutigam vermutlich mehr als Recht, immerhin muss er seine Geliebte wieder auslösen, indem er die Zeche für die Entführungsgesellschaft zahlt.

HOCHZEITSKERZE

Früher war die Hochzeitskerze Teil einer kirchlichen Trauzeremonie. Dieser Brauch ist einer der ältesten und geht bis zum Mittelalter zurück. Gebete und Segen für das Brautpaar sollten so dem Himmel nähergebracht werden und die helle Flamme sollte böse Geister fernhalten. Noch heute steht die Hochzeitskerze für Wärme und Liebe, ihr Anzünden wird meist von einer Segnung, einem Gedicht oder einem persönlichen Text begleitet, der dabei von Pfarrer, Priester, freiem Trauredner, auch den

Trauzeugen und dem Brautpaar selbst vorgetragen werden kann. Diese Tradition kann demnach ganz individuell in die Zeremonie eingebunden werden und zahlreiche Dienstleister haben sich auf die Gestaltung moderner Kerzen spezialisiert.

DER SCHUH- ODER BRAUTSTRAUSSKLAU

Ähnlich wie bei der Brautentführung geht es beim sogenannten Schuh- oder Brautstraußklau um die Auslöse eines gestohlenen Gegenstandes, in dem Fall: des Brautschuhs oder Brautstraußes. Denn ohne den Brautschuh kann die Braut keinen Hochzeitstanz tanzen. Und dass das aufwendig gebundene Bouquet zurückgeholt werden muss, ist eine Selbstverständlichkeit. Früher ging das meist nur mit finanziellen Mitteln, die der Bräutigam aufwenden musste und die dann der Braut zugute kamen. Heute bietet man den Dieben oft ein aufwendiges Dinner oder einige Weinflaschen bei einem gemeinsamen Abend als Gegenwert.

POLTERABEND

Anders als der moderne Junggesellen- und Gesellinnenabschied, der einige Tage oder oft auch Wochen vor der Hochzeit stattfindet, ist der Polterabend direkt am Vorabend der Hochzeit wieder stark im Kommen. Auch wenn sie dann getrennt schlafen, verbringen die zukünftigen Eheleute den Polterabend gemeinsam mit Freunden und Familie, aber auch Bekannten und Nachbarn. Der Polterabend ist formlos und gerade deshalb ein großer Spaß für alle. Und: Er lenkt von der Aufregung vor dem kommenden Tag ab! Dabei wird klassisch Geschirr und Porzellan zusammengetragen, das erst zerbrochen und dann vom Brautpaar zusammengekehrt wird. Der Lärm soll böse Geister abhalten und das Zusammenkehren steht für Fleiß und Teamwork in der Ehe. Dazu gibt es von den Gästen mitgebrachte Häppchen und natürlich ordentlich zu trinken.

BRAUTSTRAUSSWURF

Das Werfen des Brautstraußes durch die Braut in eine Runde unverheirateter Freundinnen ist eigentlich von keiner Hochzeit wegzudenken. Immerhin, so sagt man, heiratet diejenige als nächste, die diesen Strauß fängt. In den USA wird es immer mehr zum Trend, dass die Braut den Strauß dann plötzlich einer der Damen überreicht – und diese auf der Hochzeit einen Antrag bekommt! Zeitgleich bedauern viele Bräute, ihren ausgesuchten und geliebten Strauß nur für einen Tag zu haben und dann abgeben zu müssen. Manche sind daher besonders raffiniert und greifen zu einem Plüschtier, einen Vogelstrauß, an den noch ein kleiner Schleier drangebastelt wird. Und fertig ist er, der Braut-»Strauß« zum Werfen!

BAUMSTAMMSÄGEN

Vor allem im ländlichen Bayern ist das Baumstammsägen nach wie vor hoch im Kurs – immerhin steht es für den ehelichen Teamgeist, aber auch für gegenseitiges Nehmen und Geben. So manch eine Braut ist nicht begeistert, in ihrem schönen Brautkleid einen Stamm zu sägen. Aber inzwischen gibt es ganze Sägesets, die Stämme sind oft nicht dick und bereits vorgesägt, sodass weder Kleid noch Make-up, noch der Anzug des Bräutigams bei dieser Aktion in Gefahr sind.

KRANZBINDEN

Blumenkränze binden – ein neuer Trend? Mitnichten! Aktuell werden zwar die Kränze für das Haar gebunden, oft für den Junggesellinnenabschied oder für die Brautjungfern und Blumenmädchen für die Trauzeremonie. Ursprünglich wurde jedoch ein Kranz von den ledigen Freundinnen des Brautpaares aufwendig aus (immergrünen, also nie verwelkenden!) Tannenzweigen geflochten, den die ledigen Männer dann an die Haustür des Paares hängten. Als Belohnung wurde zu Schnaps und Brotzeit eingeladen. Traditionen sind also alles andere als verstaubt und trocken. Durch sie können Familie und Freunde ihre Handschrift hinterlassen und so zu einer einzigartigen Feier voller Freude beitragen. Und zwar ganz egal, ob in der Münchner Innenstadt, am Seeufer oder auf einem Berggipfel.

~ ~ ~

~ ~ ~

HEIRATEN IN MÜNCHEN

München – eine Stadt, um die sich viele Gschichten und Klischees ranken. Die bekannt ist für die Wiesn, das »Hofbräuhaus«, für Tracht und den FC Bayern, für das P1 und eine Menge Bussi-Bussi und Schickimicki. Aber seit einigen Jahren wandelt sich das Bild, weg von einer konservativen Landeshauptstadt, hin zu einer echten Weltstadt mit Herz!

München ist mehr als Lederhosen, Schließzeiten um 20 Uhr, Prominenz beim Hugo-Trinken und der Fußballclub. Es ist auch eine Stadt, in der man in der U-bahn auf einen Surfer mit Brett unter dem Arm treffen kann, auf dem Weg zur Eisbachwelle. Es ist auch das Werksviertel aus Containern, in denen man Essen, Trinken, Feiern kann. Es sind kleine Nischenlabel, die Fair Fashion aus nachhaltiger Produktion anbieten. Es ist Biergartenkultur neben einer immer stärker florierenden Gastroszene mit einzigartigen Einrichtungskonzepten. Es sind nicht mehr nur Wirtshäuser, es sind auch Dach-Lofts, Delis, Gewölbe und Gewächshäuser.

MÜNCHEN IST OFFEN, VIELSEITIG, KREATIV. IMMER AUCH
MIT EINEM KLEINEN HAUCH TRADITION UND GLAMOUR.
UND GENAU SO KANN MAN HIER SEINE HOCHZEIT FEIERN.

Das »Hofbräuhaus« und den »Augustinerkeller« kennt jeder. Die Kaufhäuser Oberpollinger und Ludwig Beck sind Institutionen für sich. Und wer ist nicht schon einmal am *Lilly-Brautmodenshop* an der Sonnenstraße vorbeigefahren? Manche Locations und Läden gehören einfach zu München dazu. Sie prägen das Stadtbild und sind kleine Fixpunkte in einer sich sonst schnell verändernden Welt. Aber zwischen all diesen großen Namen hat sich inzwischen eine Menge getan … Kleine Boutiquen, Conceptstores und Pop-up-shops schießen aus dem Boden, neue regionale und internationale Labels erobern den bayerischen Markt und Bars und Restaurants trauen sich endlich, die Komfortzone zu verlassen und neue Konzepte zu präsentieren. Konzepte, die vor allem bei jungen Paaren, die Social Media tagtäglich nutzen, sehr gut ankommen. Denn auf einmal wird die eigene Heimat durch die Gründer und kreativen Köpfe wieder attraktiv, statt langweilig und altbacken zu bleiben. Dieses Kapitel widmet sich genau diesem neuen Vibe der Stadt, dem München, das alle kennen und lieben. Und doch immer wieder neu entdecken können!

I

BESONDERE LOCATIONS IN DER STADT

LOFTS & DACHTERRASSEN

Obwohl die Landeshauptstadt nicht mit einer beeindruckenden Skyline punkten kann, gibt es sie: die außergewöhnlichen Locations und Dachterrassen mit einem atemberaubenden Ausblick Richtung Alpen oder in die funkelnde Altstadt. Sie eignen sich perfekt für ein Kennenlern-Dinner vor der Hochzeit, für ein Get Together nach dem Standesamt, freie Trauungen, aber auch für die ganze Feier. Vom Stil ist alles dabei: minimalistische Glasfassaden, Industrial-Flair und auch gemütliche Lounge-Landschaften. Man muss sich nur noch entscheiden …

»M'UNIQO« IM HOTEL »ANDAZ«

Brandneu hat das »M'Uniqo« im Hotel »Andaz« (Hyatt-Hotelgruppe) im Mai 2019 eröffnet und ist offiziell Münchens derzeit höchste Dachterrasse. Auf der 12. und 13. Etage erwartet die Gäste ein einzigartiges 360°-Panorama. Der Stil ist leicht und urban gehalten und wer auf gute Drinks setzt, sollte den hauseigenen Mixologen ans Werk lassen.

»MH5«: MÜNCHEN HOCH5

Vor langer Zeit wurden in diesem Gebäude des Pfanni-Werkes Kartoffeln zu Knödeln verarbeitet, irgendwann zog mit der Kultfabrik und den Optimol-Werken Münchens Feiermeile in die Räumlichkeiten darum herum ein. Inzwischen ist auf dem Gebiet hinter dem Ostbahnhof ein ganzes kreatives Viertel entstanden, im Zentrum das »Container Collective« und das »MH5«. Gleich drei Areas stehen Brautpaaren hier zur Verfügung: Der »Freiraum«, ein großer Saal, der vollkommen individuell bestuhlt, dekoriert und umgebaut werden kann und mit bodenlangen Fensterfassaden überzeugt. Die »Rooftop-Bar« im Industrial-Stil, die sowohl zum Feiern als auch zum Essen genutzt werden kann. Und natürlich das »Dachland« inklusive Pool. Ja, richtig: Pool!

Liebesgeschichte: Swantje, die Gründerin von The Original Copy, einem Beauty-Blogazine aus München, ist immer sehr nah dran, wenn es um die neusten Trends geht. Dass sie und ihr Mann Timo keine Scheunen- oder Vintage-Hochzeit feiern wollen würden, stand für beide schnell fest. Stattdessen sollte es modern, urban, festlich, glamourös sein. Das »MH5« und ein perfekter Sommertag waren wie füreinander gemacht. Ethnoelemente wie Kakteen und Teppiche mit Aztekenmustern sorgten für den Rahmen der freien Trauung direkt am Dachpool. Gefeiert wurde im »Freiraum«, während über München die Sonne in allen Rosa-, Lila- und Rottönen unterging.

Fotos von Irina and Matej von Swantje,
der Gründerin des Beauty-Blogazines
The Original Copy & Timo

»BLUE SPA«-DACHTERRASSE IM »BAYERISCHEN HOF«

Ein Klassiker, nicht nur nach einem langen Shoppingtag! Mitten in der Innenstadt, perfekt für eine Trauung im Standesamt Mandlstraße, bietet der »Bayerische Hof« eine moderne, stilvolle Dachterrasse, die exklusiv angemietet werden kann. Bis zu 70 Personen haben dann einen wunderschönen Ausblick auf die umliegenden Dächer der Münchner Altstadt. Wer möchte, kann auch den Wintergarten mitbuchen und hat somit auch eine Alternative für schlechtes Wetter.

»DIE KÜCHE« IM KARE-KRAFTWERK

Zugegeben, an die Drygalski-Allee in München denkt man nicht unbedingt, wenn man nach einer außergewöhnlichen Hochzeits-Location sucht. Dabei bietet das Möbelhaus von *KARE* einen echten, urbanen Hotspot, Blick auf die Alpen inklusive! 200 Gäste passen in »Die Küche« und wenn das Wetter es zulässt, stehen einem zwischen 100 und 350 Quadratmeter Dachterrasse zur Verfügung. Vom Dekokonzept bis zur hochwertigen Küche kann man alles aus einer Hand bekommen. Bis in die Morgenstunden feiern? Auch kein Problem.

»THE TERRACE« IM HOTEL »MANDARIN ORIENTAL«

Ebenfalls zentral gelegen und damit ideal für eine sommerliche Stadthochzeit ist »The Terrace«, die Dachterrasse des Hotels »Mandarin Oriental«. Eine perfekte Fotokulisse für Brautpaare und Gäste, denn im Hintergrund ist die Frauenkirche zu sehen. Mehr München geht nicht!

Foto von Mandarin Oriental München, Gerrit Meier

»MS WEITBLICK«

Die Location im Norden von München bietet nicht nur bodenlange Panoramafenster und eine 360°-Dachterrasse, sondern einen schönen Blick auf das Olympiagelände. Den kann man auch bei schlechtem Wetter genießen, denn Indoor- und Outdoorbereich sind direkt miteinander verbunden.

Fotos von Nadja Teinze &
Moira Rutschmann

Liebesgeschichte: Bei diesen Brautaufnahmen zeigen die Fotografinnen Moira Rutschmann und Nadja Teinze, wie vielfältig und modern auch das Münchner Umland sein kann. Eine Dachterrasse hat die Kaffeerösterei Dinzler

nicht, versprüht aber mit ih-ren verglasten Fassaden und dem Außenbereich Loftfeeling auf dem Land. Die Braut trägt dabei ein Kleid vom Braut-zimmer, Haare & Make-up stammte von Felicitas Brun-ner und der Brautstrauß aus den Händen von Das blühen-de Atelier. Mit nur wenigen Stecknadeln und einer Le-derjacke verwandelt sich ein klassisches Vintage-Styling in eine moderne Version.

KLEINE, FEINE CAFÉS & HÖFE ZUM MIETEN

Während sich das eine Brautpaar am Ende für eine große Feier in einem Dachloft entscheidet, gibt es auch Paare, die ihre Hochzeit auch in der Stadt in einer familiären, kleinen Atmosphäre feiern möchten. Denn ur-ban zu heiraten bedeutet nicht, auf Gemütlichkeit verzichten zu müssen! Ganz im Gegenteil: Viele Betriebe haben bereits einen ganz besonde-ren Charme, eine ausgefallene Dekoration oder eine persönliche Note, sodass zusätzliche Dekoration sich nur noch auf Tischkarten und Blumenschmuck beschränken kann. Zeitgleich sind viele der Locations sehr zentral gelegen und gerade für Freunde und Familie von jungen Paaren aus der Stadt auch mit öffentlichen Verkehrsmitteln gut zu erreichen. Auch wer Outdoor feiern möchte, muss nicht immer aufs Land fahren, um ein Gutshaus zu mieten, denn es findet sich dann doch auch zentral ein kleiner Innenhof, eine Terrasse oder ein versteckter Biergarten.

»RUFFINI«

In Neuhausen ist das »Ruffini« längst eine Institution und auch die Terrasse im ersten Stockwerk ist durchaus eine ansehnliche Dachterrasse. Wer in kleiner, familiärer Atmosphäre anstoßen und das Dolce Vita leben möchte, ist im »Ruffini« genau richtig. Eigenes Brot, hochwertige Produkte und eine grandiose Weinauswahl geben einem lauen Hochzeitsabend genau die richtige Prise Italien.

»OCCAM DELI«

Modern, rustikal und auch ein bisschen industrial – so zeigt sich das »Occam Deli« in Schwabing, bekannt für hausgemachte Kuchen und einen tollen Lunch. Die Einrichtung lässt sich mit ihren dunklen Regalen, offenen Lampen und Backsteinwänden perfekt mit allen möglichen Stilrichtungen kombinieren. Und das Beste? Das Standesamt Mandlstraße ist nur fünf Minuten zu Fuß entfernt.

WER HIER FEIERT, DER BEKOMMT EINE ZENTRALE
LOCATION IM COOLEN LOOK, DIE BEQUEM ZU
ERREICHEN IST UND LECKERE
FOODS & DRINKS BIETET.

Liebesgeschichte: Asya und Marc gaben sich an einem perfekten Münchner Sommertag das Ja-wort im Standesamt in der Mandlstraße. Wer beim Ansehen der Bilder das Gefühl hat, dass die Feier amerikanisches Flair hat und an eine Loft-Party erinnert: Genauso ist es, denn »New York« war das Motto, weil dort auch der Antrag gemacht wurde, ganz romantisch am Pier mit Ausblick auf die Stadt, die niemals schläft … Die Dekoration haben die beiden selbst gemacht, statt DJ gab es eine eigens zusammengestellte Playlist und, wie sollte es auch anders sein, Homemade Cheesecake als Hochzeitskuchen. Und das mitten in München!

Fotos von Flo Fotografie

INNENHOF IM HOTEL »OPÉRA«

Oh Dolce Vita in München – das ist ein eigenes Thema für sich! So nah an Italien, scheinbar immer nur eine kurze Autofahrt entfernt, gibt sich der Münchner gerne einem Espresso in der Sonne hin und genießt Pasta und Pizza in den besten Lokalen der Stadt. Ein echtes Stück Italien hat sich im Innenhof des Hotels »Opéra« versteckt – auf den ersten Blick kann man kaum glauben, dass es sich hierbei tatsächlich noch um München handelt! Weißer Stein, romantische Wandbögen und für Hochzeiten stehen eine Orangerie, ein Wintergarten oder eben der Arkadenhof zur Verfügung. Mitten in der Stadt und doch ganz für sich! Und wem das immer noch nicht genug ist: Der Hof überzeugt durch Blütenpracht, Zitronenbäume und den Eisbach, der unter dem Hotel hindurchfließt und mit seinem Rauschen Paaren und Gäste noch mehr das Gefühl gibt, dass die Innenstadt ganz weit weg ist.

Fotos von Hotel Opéra

»ALLES WURSCHT«

»Wie, der Currywurst-Imbiss?!«, fragen sich sicherlich einige ortsansässige Münchner. Aber ja! Denn »Alles Wurscht« hat einen unglaublich liebevollen und heimelig-bunten Innenhof. Perfekte Hygge-Atmosphäre für eine entspannte Sommerhochzeit. Besonders toll ist die Nähe zum Standesamt Mandlstraße. Und ja, zum Anstoßen und Essen gibt es auch individuell abgestimmte Menüs.

»GOLDENE BAR«

Die »Goldene Bar« im Haus der Kunst steht für Pracht, Prunk und Opulenz. Sie ist alles andere als Nullachtfünfzehn und sicherlich nichts für die Liebhaber von Clean Chic und skandinavisch-minimalistischem Design. Sie funkelt, sie glänzt und ist perfekt für Brautpaare, die auch den Charme der Golden Twenties und Art Déco lieben. Pluspunkt ist auch die großzügige Terrasse.

»BAR LUDWIG II«

Den Nockherberg kennen wohl die meisten. Nicht nur Münchner, auch Einwohner aus den Nachbargemeinden und dem Umland, kommen hierher, um ausgezeichnete, bayerische Küche zu genießen oder beim Starkbierfest zu feiern. Direkt nebenan verbirgt sich aber ein kleines, exklusives Juwel: die »Bar Ludwig II« in der denkmalgeschützten und aufwendig restaurierten Orangerie auf dem Grundstück. Die Außenterrasse kann sowohl im Sommer als auch im Winter genutzt werden. Wer sich für eine Feier in der kalten Jahreszeit entscheidet, bekommt gemütliche Schaffelle, Heizstrahler, Winter-BBQ und sogar die Möglichkeit zum Eisstockschießen als Zeitvertreib. Im Sommer darf ein frischgezapftes Holzfassbier nicht fehlen.

Foto von Die Hoflieferanten

»KONSULAT«

Das »Konsulat« am Herkomerplatz in Bogenhausen ist perfekt für kleine, aber feine Hochzeitsgesellschaften: Hier finden sitzend bis zu 25 Personen und stehend bis zu 45 Personen Platz. Die Atmosphäre ist modern und gemütlich, mit viel Holz, handgeschriebenen Schildern und dunklen Dekorationselementen. Menü, Fingerfood und Drinks werden dem Budget angepasst. Zeitgleich ist alles saisonal, regional und vor allem: handgemacht! Ganz gleich, ob hier ein Zehn-Gänge-Menü serviert oder mit einem DJ ordentlich gefeiert werden soll – hier ist man stets gut aufgehoben.

»ALTE UTTING«

Das Kapitel »Heiraten am Wasser« erwartet den Leser zwar erst weiter später im Buch (siehe S. 114), Brautpaare aus der Stadt müssen aber auch ohne Gewässer nicht auf Ahoi-Feeling verzichten. Die »Alte Utting«, der Dampfer, der nun im Dreimühlenviertel zu einer echten In-Location geworden ist, kann auch für private Veranstaltungen gemietet werden. Urbaner und ausgefallener geht es kaum!

IDEEN FÜR REGIONALE GASTGESCHENKE

Das Thema Gastgeschenke ist ein kontroverses Thema, sogar unter Hochzeitsexperten. Die einen sehen darin ein Must-Do, andere finden die Erwartungshaltung daran unangemessen. Zu unnötig, selten durchdacht, oft einfach weggeschmissen. Im Kapitel »Green Wedding« (siehe S. 44) wurden bereits einige Denkanstöße gegeben! Viele Brautpaare suchen im Internet nach wie vor nach »Gastgeschenk für Hochzeit« und sind enttäuscht, weil sie wieder nur die üblichen kitschig-unnötigen Vorschläge bekommen.

DABEI KANN ES SO EINFACH SEIN: MAN MUSS NUR IN DIE EIGENE REGION EINTAUCHEN, SHOPS KENNENLERNEN UND KLEINE PRODUKTE AUS FAMILIENGEFÜHRTEN MANUFAKTUREN ALS GASTGESCHENK WÄHLEN, STATT WAHLLOS MASSENPRODUKTE IM INTERNET ZU BESTELLEN. SO KÖNNEN DIE GÄSTE AUCH NOCH NACH DER HOCHZEIT IN ERINNERUNGEN SCHWELGEN UND ZWAR MIT ALLEN SINNEN.

Vielleicht bezieht die Location ihr Fleisch von einem Biohof? Warum dann nicht anfragen, ob kleine Schinkenpakete mit Crostini geschnürt werden können? Es gibt eine regionale Brennerei für Schnaps, Liköre und Sirups? Nichts wie hin! Die Marmelade im Hochzeitshotel ist hausgemacht? Einfach bei der Buchung fragen, ob sie auch zu verkaufen ist. Der Hofladen bietet Leinen- und Jutebeutel für Obst und Gemüse an, vielleicht auch

Blumensamen? Warum hier nicht zusammenfinden? Wer sich in seiner Region umsieht, wird feststellen, wie vielfältig man seine Gastgeschenke gestalten und zeitgleich damit den lokalen Handel unterstützen kann.

LOOOPS KERZEN

Diese Kerzenmanufaktur hat sich darauf spezialisiert, Duftkerzen ohne jegliche synthetische Inhaltsstoffe herzustellen und das mit Düften, die an schöne Momente erinnern: den Spaziergang im Wald, eine frische Brise am Seeufer. Alle Stücke werden von Hand gegossen, mit ätherischen Ölen versetzt und brennen bis zu 65 Stunden. Wer zum Beispiel im Sommer auf einer Alm heiratet, sollte sich »Blütenwiese« ansehen, mit Salbei, Bergamotte, Lavendel und Rosengeranie. »Du spürst zarte, wärmende Sonnenstrahlen auf deiner Haut, ein frisches Lüftchen umweht deine Nase und erzählt dir vom verführerischen Duft der blühenden Wiese.« Und wenn das keine traumhafte Hochzeitserinnerung wäre ...

WHISKY VON SLYRS

Ein Geheimtipp ist *Slyrs* schon lange nicht mehr, der Whisky der Schlierseer Brennerei hat in den letzten Jahren zahlreiche internationale Preise gewonnen und ist eine lokale Erfolgsstory. 1999 wurde übrigens der allererste *Slyrs*-Whisky destilliert, 2002 die ersten Flaschen verkauft. Erst 2007 wurde die heute bekannte Destillerie in Neuhaus errichtet. Im hauseigenen Shop lassen sich Touren und Verköstigungen buchen sowie natürlich Liköre und Whiskys kaufen. Auch in kleineren Größen und Mengen – perfekt als besonderes Geschenk.

LOKALER HONIG VON NEARBEES

Brautpaare, die lokalen Honig als Gastgeschenk auf den Tischen platzieren wollen, haben die Qual der Wahl: Über Tausend Imker gibt es alleine in und um München herum. Und Bayern hat tatsächlich die größte Imkerdichte in ganz Deutschland. An sich müsste man sich also nur noch entscheiden, woher der Honig kommen soll. Und hier kommt *nearBees* ins Spiel. Die Münchner Gründer bieten mit ihrer Webseite eine Plattform, auf der lokale Imker ihre Produkte an den Mann oder die Frau bringen können. Einfach Postleitzahl eingeben und schauen, wo der nächste lokale Imker ist.

PRODUKTE AUS DER REGION: *SCHMATZ. NATURKOST*

Biosupermärkte und Reformhäuser gibt es (zum Glück) in München bereits einige, nicht nur in der Stadt. Das Team von *Schmatz* geht aber noch einen Schritt weiter: Da Produkte mit kurzen Lieferwegen praktisch, klimafreundlich und frisch sind, konzentriert sich das Angebot ausschließlich auf Lebensmittel, Papeterie, Beauty & Co. aus München und dem Umland. Vorbeischauen lohnt sich. Auch Samenbeutel mit nicht-patentierten, samenfesten Blumensorten kann man hier kaufen, die sich perfekt für Do-it-yourself-Gastgeschenke eignen.

BIOTEAQUE: DIE CHIEMGAUER TEEMANUFAKTUR

Warum nicht regionalen Kräutertee verschenken, als Hommage an die Natur, die Berge und Seen? Das Unternehmen sagt selbst: »Es wird Zeit, Danke zu sagen, dass wir in einer der schönsten Regionen dieser Erde leben und arbeiten dürfen!« Bioqualität trifft auf Lebensfreude und alpinen Lebensstil.

EDELSALZ: DIE KRÄUTERSALZMANUFAKTUR

Der Gründer der Manufaktur, Stefan Erdmann, wollte als ausgebildeter Koch dem Salz nicht nur eine schöne Farbe, sondern auch ein intensives Aroma geben. Von der Herstellung bis zur Verpackung (auch im kleinen Glas) ist noch alles Handarbeit. Die Kräuter für die Veredlung bezieht er von Händlern aus der Region, von deren Arbeit er sich auch immer selbst überzeugen kann.

CHIEMGAUKORN: BIOHOFPRODUKTE

Die Marke *Chiemgaukorn* und der dazugehörige Hofladen ist ein echter Geheimtipp. Betrieben wird er von Stefan und Julia, mit dabei sind auch immer ihre zwei Töchter. Auf ihrem Land werden keinerlei Pestizide oder chemische Dünger eingesetzt. Nur das Beste soll bei ihnen selbst und ihren Kunden auf den Tisch kommen! Sie verkaufen eigens gepresste Öle, Backmischungen, Knabbereien und vieles mehr. Wer selbst nicht auf dem Hof vorbeikommen kann, für den hat die Familie auch einen Online-Shop aufgebaut. Perfekt für Brautpaare, die ihren Gästen tolle, regionale Schmankerl präsentieren wollen.

I WANT YOU NAKED: NATURKOSMETIK

Vor allem jüngere Gäste dürften sich über Produkte der Kirchheimer Natur-Beauty-Marke freuen. Sie sind frei von künstlichen Zusatzstoffen und Silikonen, riechen herrlich und geben gerade auf modernen Hochzeiten ein gutes Bild ab! Ob Aromabad, Peeling oder die klassische Seife – alles wird direkt regional hergestellt und verarbeitet.

FEINKOST VOM »DANTLER«

»Der Dantler« ist ein Deli in Obergiesing, dessen »bayerische Ramen« sich bereits als eines der besten Lunches der Stadt etabliert hat. Für gute Küche ist der Laden also bereits bekannt. Neben der kleinen, aber feinen Speisekarte gibt es hier aber auch so allerlei Feinkost zum Mitnehmen, zum Beispiel Fairtrade-Schokolade, Trüffelprodukte, Marmeladen und Öle.

III

DER BRIDAL DAY – EIN GANZ BESONDERER MÜNCHEN-TAG

Es ist Samstag oder vielleicht hat man sich auch unter der Woche frei genommen, um diesen ganz besonderen Tag voll auskosten zu können: Den Tag, an dem man zum ersten Mal in einem Laden in ein Brautkleid schlüpft (und es vielleicht gleich mitnimmt). Der Tag, an dem man den Vorhang der Umkleidekabine zur Seite zieht und in freudestrahlende Gesichter blickt. Oder auch in skeptische … Ein Tag, an dem man vielleicht vor dem Juweliergeschäft nicht nur am Schaufenster stehenbleibt, sondern sich seinen filigranen Brautschmuck aussucht. Und sich im Dessousladen ein wunderschönes Spitzenset und die passende Beratung dazu gönnt. Ein Tag, an dem man als Braut im Mittelpunkt steht und nur das Beste gut genug ist!

Der Tag verspricht: alles kann, nichts muss! Raus aus dem Bett, die Stadt und das Traumkleid warten darauf, entdeckt zu werden! Aber »einfach mal loslaufen« endet oft genug in Unentschlossenheit, dem Gefühl, etwas zu verpassen, und Hunger, weil man zwischendrin vor lauter Aufregung nichts isst und (wenn es gut läuft) nur Prosecco trinkt. Gute Vorbereitung für einen schönen Tag mit der besten Freundin, der Schwester oder der Mama oder allen zusammen ist also alles!

- ~ Ein gutes Frühstück vorab Zuhause, denn der Tag soll nicht erst beginnen, wenn er eigentlich schon fast rum ist!
- ~ Bequeme Schuhe (Lasst die hohen Schuhe für die Anproben Zuhause, das wird überbewertet!)
- ~ Schickes, aber bequemes Outfit (Fotos!)
- ~ Voll geladenes Handy
- ~ Eine große Wasserflasche

DER BRIDAL DAY ... MIT FREUNDINNEN

Gut gelaunt und gefrühstückt startet die Girlgang in den Tag – dabei ist es unerheblich, ob die Braut mit einer oder mit fünf Freundinnen unterwegs ist. Die nächsten Stunden versprechen aufregend und schön zu werden!

MORGENS

BOHO-DREAMS: BRAUTKLEIDER BEI *HEY LOVE*

Brautkleider der angesagtesten, außergewöhnlichsten Labels findet man in München bei *Hey Love*, ganz in der Nähe vom Isartor. Rue de Seine, Sarah Seven, Lovers Society ... die very instagrammable dresses der Top-Boho-Designer können hier anprobiert werden! Nullachtfünfzehn gibt es hier nicht. Dafür einzigartige, handgefertigte Stücke und einen tollen Rundumservice. Aber Achtung, spontan vorbeischauen geht leider nicht: Anproben gibt es nur mit Termin. Dafür hat man den Laden aber auch fast ganz für sich.

FRENCH CHIC: BRAUTKLEIDER BEI *OH OUI*

Kreative, zeitlose Brautkleider aus Frankreich sind der Fokus des Brautateliers in der Innenstadt. Es sind feminine Schnitte mit feinen Details, die sofort ins Auge springen. Diese Boutique bietet französische Nonchalance, die unkonventionell ist, ins Auge fällt und jeder Frau an ihrem großen Tag nochmal eine Extraprise Anmut verleiht.

BUY LOCAL: BRAUTKLEIDER BEI *JULIFUL*

Bei *Juliful Bridal Couture* findet man handgemachte, moderne, zweiteilige Brautkleider, die sich individuell nach den Wünschen der Braut kombinieren lassen. Verschiedene Rockformen und Oberteile aus Spitze oder Satin ermöglichen eine einzigartige Zusammenstellung. Und wer will, kann die schönen Oberteile nach der Hochzeit für ein schickes Dinner auch zu Jeans und High Heels kombinieren. Das Atelier von Julia Brumm vereint echte Handarbeit, Nachhaltigkeit, Regionalität und modernes Design.

ZWISCHENDRIN

FOTOS AM AUTOMATEN MACHEN

Klar, Smartphones sind immer mit dabei und schnell zur Hand. Aber Hand aufs Herz: Wann hat man das letzte Mal schöne Erinnerungen wirklich ausgedruckt? Wer hat ein Foto im Geldbeutel, das nicht 20 Jahre alt ist? Eben! Zeit, die schönen Erinnerungen festzuhalten und gleich mitzunehmen. Also einfach auf dem Weg in die nächste Location schnell in einen Passfotoautomaten quetschen – und Spaß haben! Eine Liste mit den Automaten findet man unter anderem auf www.passbilder.net.

MITTAGS

Es ist Zeit, eine kleine Pause einzulegen, bei Süßem und Herzhaftem gemeinsam anzustoßen und zu verschnaufen. Immerhin hat man schon einiges erlebt, hat gegrübelt, war verzückt und vielleicht sogar schon ein bisschen verliebt.

CALIFORNIA DREAMIN': »LAX EATERY«

Insta-taugliche Smoothie-Bowls, Avocadotoast, Blueberry-Pancakes, Tacos und Latté-Art, das gibt es in der »LAX Eatery«. In ungezwungener Atmosphäre lässt sich hier unkomplizierter Westküsten-Chic genießen.

GEMÜTLICH & ZENTRAL: »AROMA KAFFEEBAR«

Die »AROMA Kaffeebar« im Zentrum von München ist ein schöner Anlaufort für hausgemachte Limonade, Kuchen, Suppen und kleine Speisen wie Curry und leckere Brote. Alles wird vor Ort mit viel Liebe zubereitet, während man durch die Fenster dem Treiben auf der Straße zusehen oder es sich bei schönem Wetter im Außenbereich gemütlich machen kann.

~ KLEINER TIPP ~

In der »AROMA Kaffeebar« gibt es auch zahlreiche, tolle, regionale Produkte im eigenen, modernen Kramerladen – teilweise eigens für die Bar produzierte, kleine Geschenke und hochwertige Lebensmittel. Umschauen lohnt sich, vielleicht findet man hier seine Gastgeschenke.

SHARING IS CARING: »NANA MEZE & WINE«

Hummus in allen Variationen, pikantes Lammfleisch, israelisches Pitabrot aus dem Ofen, zart schmelzender Käse ... all das erwartet ein hungriges Bridal Squad im »Nana«, mitten in Haidhausen! Am besten bestellt man einen Tisch und probiert sich gemeinsam durch Baba Ghanoush (geräucherte Aubergine in Sesam) und Shakshuka (Eier in Tomatensoße). Dazu gibt es hausgemachte Limonade oder einen individuellen Gin Tonic (es finden sich über zehn Gin-Sorten auf der Karte).

NACHMITTAGS

BEAUTERY MUNICH

Verwöhnen lassen, sich eine Maniküre gönnen und über die Vorstellungen zum Thema Bridal Styling sprechen: All das ist in der *beautery Munich* möglich! Die kleine, aber sehr feine, moderne Beautyoase von Evi hat ihren Fokus auf Nachhaltigkeit und Produkte ohne schädliche Zusatzstoffe. In ihrem Ladengeschäft berät und behandelt sie individuell, persönlich und ehrlich. Und geht voll und ganz auf die werdende Braut, ihre Hautbedürfnisse und Look-Wünsche ein.

»THE DRUNKEN DRAGON BAR«

Auf einen letzten Absacker kann man in die direkt am Sendlinger Tor gelegene Bar »Zum betrunkenen Drachen«. Dort erwarten die Gäste eine raffinierte Cocktailkarte und eine tolle Auswahl von außergewöhnlichen Speisen. Bei schummrigem Licht, toller Wandbemalungen im Asialook und einer breiten Fensterfront kann man den Tag wunderbar ausklingen lassen.

»JULIET ROSE BAR«

Im »Hilton City« versteckt sich seit Neustem eine gut durchdachte, moderne, gemütliche Bar mit Charme und tollen Drinks. Geräucherte Cocktails oder Basilikumschaum on top? Ja bitte! In gemütlichen Sofas und Sesseln lässt sich hervorragend ein Dreigänge-Drinks-Menü probieren.

DER BRIDAL DAY ... MIT DER MAMA

Aufgrund unterschiedlicher Erfahrungen und Jahrzehnte kommt es zwischen den Generationen von Oma, Mama und Braut oft zu Meinungsverschiedenheiten zum Thema Hochzeit, Planung und Ablauf. Aber das bedeutet nicht, dass man die besondere Vorbereitungszeit und Momente nicht gemeinsam genießen kann, denn in der Stadt gibt es tolle Möglichkeiten für einen Bridal Day, die allen gefallen!

MORGENS

ZEITLOS & SCHÖN: *SAY YES*-BRAUTMODE

In der bezaubernden Boutique *Say Yes* gibt es tolle Brautmode im eleganten Ambiente. Klassische, romantische, verspielte Schnitte finden sich hier genauso wie moderne, puristische Designstücke. Dazu gibt es hochwertige, ausgewählte Braut-Accessoires.

FAMILIENBETRIEB: *HAPPY BRAUTMODEN*

Seit 30 Jahren schon ist *Happy Brautmoden* familiengeführt, heute von Mutter und Tochter. In einem schönen Ambiente gibt es Kleider von kleinen Labels und Top-Marken wie Pronovias oder Rembo Styling.

~ KLEINER TIPP ~

Die Oma will bei der Brautkleidanprobe auch mit dabei sein? Dann kann man für sich und drei Begleitpersonen einen VIP-Termin vereinbaren. Ganz ungestört ist es dann möglich, hier die traumhaften Kleider anzuprobieren. Dazu bekommt man Getränke und kleine Köstlichkeiten. Ein Termin, an den man sich immer erinnern wird.

MITTAGS

BRUNCH IM »VIKTORIAN TEA HOUSE«

Nach der ersten Aufregung gilt es erst einmal die Eindrücke zu verdauen und zu teilen – und das geht bei einem Brunch bekanntlich besonders gut. Das »Victorian Tea House« am Viktualienmarkt ist schon seit Jahren eine echte Institution für Frühstück und Afternoon Tea. Eine eigene Teekarte überzeugt mit hochwertigen Klassikern und ausgefallenen Kombinationen, zum Beispiel chinesischem Schwarztee mit Rosenblättern und Rosenöl. In einer gemütlichen, ruhigen, gehobenen Atmosphäre kann man sich bis 14 Uhr durch die Frühstückskarte probieren, die unter anderem über fünf Sorten Egg Benedict, frische Scones, schottischen Lachs und Sandwiches mit Rinderfilet bietet! Dazu, ganz Münchnerisch, ein Kir Royal. Und das ganz zentral am Viktualienmarkt.

BRUNCH IM »CAFÉ MARAIS«

Ein bisschen Abseits vom Trubel liegt das »Café Marais« und bietet mehr als »nur« gutes Frühstück und hausgemachte Kuchen. Möbel und Inventar wurden original vom Textilladen übernommen, der hier Jahrzehntelang heimisch war. Das Besondere: Fast alles im Café kann man kaufen: das Geschirr, die Tische, die Stühle und natürlich den ganzen anderen kleinen, feinen Krimskrams, den man im ganzen Laden findet.

Von handflächengroßen Gedichtbänden bis zur Bioschokolade ist alles dabei. Ein ganz besonderer, magischer Ort, an dem auch Mama und Oma ihre Freude haben können!

NACHMITTAGS

BEAUTY & FASHION IM KAUFHAUS LUDWIG BECK

Oft macht sich die Brautmama nicht minder Gedanken darüber, was sie am Hochzeitstag der eigenen Tochter anziehen soll. Warum ihr nicht ein wenig unter die Arme greifen und durch Münchens schönstes Kaufhaus bummeln? Hier lässt sich die Kleidersuche ganz wunderbar mit anderen Annehmlichkeiten kombinieren. Wie wäre es mit einem Augenbrauen-Treatment an der Benefit Brow Bar? Oder den perfekten Hochzeitsduft finden am Counter von Jo Malone? Hier kann man sich sogar seinen eigenen Duft für die Trauung zusammenmischen lassen. Im Ludwig Beck lässt sich der Nachmittag ganz wunderbar verbringen, nicht umsonst heißt es »Kaufhaus der Sinne«.

~ KLEINER TIPP ~

An den Countern von MAC, Bobbi Brown und Laura Mercier lassen sich Make-up-Lessons vereinbaren. Dabei kann man zum Beispiel den Bridal Look zur Hälfte machen lassen und zur Hälfe selbst Hand anlegen und so perfekt für den großen Tag vorbereitet sein. Die Kosten dafür (ca. 90 Euro) können mit dem Kauf der hochwertigen Produkte verrechnet werden.

ZWISCHENDRIN

AIYASHA MEDICAL SPA

Kurz abschalten und die Hektik vor der Tür lassen – das *AIYASHA medical spa* direkt in der Altstadt bietet Gesichtsbehandlungen, Mani- und Pediküre sowie Massagen aller Art in einem luxuriösen, gemütlichen Ambiente. Hier kann man mit seiner Mama unterschiedliche Behandlungen genießen, sich Tee oder auch einen Sekt gönnen, die Füße hochlegen und es sich richtig gut gehen lassen.

ABENDS

»CAFÉ GLOCKENSPIEL«

Am Ende des Tages sollten die Laufwege nicht mehr lang sein ... Es ist nur ein Katzensprung ins »Café Glockenspiel«, das in München eine echte Institution ist! Hier kann man hervorragend leicht zu Abend essen und bei einem »Sissi Frozen Bellini« den Tag Revue passieren lassen, wenn die müden Füße einen nach dem langen Bummeln nicht mehr weitertragen wollen. Dazu gibt es einen herrlichen Ausblick über die Dächer der Stadt.

IV

EXTRA: HOCHZEITSFOTOS IN MÜNCHEN BEI REGEN

Bunte Lichter, eine laue Brise. Die Sonne, die durch den Brautschleier schimmert. Das Klirren von Gläsern, entferntes Lachen der Gäste dringt herüber, während das Brautpaar sich für ein romantisches Foto-Shooting zurückzieht und Aufnahmen macht, die einen das ganze gemeinsame Leben an diesen wundervollen Tag erinnern werden ... Aber dann sieht eine Woche vorher die Wettervorhersage gar nicht gut aus und Gewitterwolken und Regenschauer, Nieselregen und Sturzbäche vom Himmel wechseln sich ab. So manche Bride-to-be verzweifelt da angesichts jeder Aktualisierung der Wetterapp.

> AUCH WENN MÜNCHEN KEINE 300 SONNENTAGE
> IM JAHR VORWEISEN KANN, WOVON ES MEHR ALS
> GENUG GIBT, SIND EINZIGARTIGE STADT-LOCATIONS
> FÜR EIN PERFEKTES BRAUTPAAR-SHOOTING –
> AUCH BEI REGEN!

Eine gute Planung ist das A und O und so achtet man bereits am besten bei der Wahl der Hochzeits-Location darauf, dass sie auch schöne Ecken im Indoor-Bereich oder überdacht bietet – auch wenn man im Hochsommer heiratet. Hier gilt es auch, den Dienstleister oder Anbieter selbst in die Pflicht zu nehmen, sodass logo-freie, transparente oder weiße Regenschirme aufgestellt werden. Oft genug gibt es auch Ecken, an die man nicht sofort denken würde: Eine Stube, eine Terrasse, sogar ein schöner heller Raum mit Aussicht oder auch ein leicht überdachtes Scheunentor können die schönsten Hochzeitsbilder hervorzaubern!

FOTO-LOCATIONS BEI SONNE UND REGEN

(CAFÉ) BOTANISCHER GARTEN

Der Botanische Garten in München und das dazugehörige, traumhaft-schöne Café eignen sich nicht nur für Hochzeitsfeiern an sich, sondern können perfekt als Fotokulisse dienen. Hier kann man in diversen Gartenpavillons und dem Café selbst Zuflucht bei Regen suchen und auch in einem der zahlreichen Gewächshäuser shooten: Dschungelhäuser, Kakteengärten und der Wasserlilienteich bieten unterschiedliche Kulissen und Braut und Bräutigam bleiben trocken. Wichtig: sich vorab im Botanischen Garten anmelden und sich ein kurzes »Ok« geben lassen!

DER KÖNIGSPLATZ

Der Königsplatz in München ist nicht nur ein historisch wichtiger Ort in der Landeshauptstadt, sondern wird im Sommer für allerlei Konzerte und Großveranstaltungen frequentiert (Achtung bei Terminplanung!). Die sogenannten Propyläen mit ihren massiven Säulen bieten eine beeindruckende, öffentlich zugängliche Foto-Location für Regentage.

DIE PINAKOTHEKEN

Sowohl die Pinakothek der Moderne als auch die Neue und die Alte Pinakothek eignen sich mit ihren Eingangsbereichen gut für Hochzeitsfotos an regnerischen Tagen. Während die Neue und die Alte Pinakothek eher den Charme für romantische, opulente Hochzeiten bieten, ist die Pinakothek der Moderne perfekt für Brautpaare, die schlichte und minimalistische Fotos bevorzugen.

Auch hier gilt: Anrufen und zunächst vorab nach einer informellen Erlaubnis fragen, statt einfach im Brautkleid zu erscheinen! Bei der Pinakothek der Moderne sind Hochzeitsfotos im Eingangsbereich kein Problem.

HOTELS

München zieht als Weltstadt mit Herz Jahr für Jahr Tausende von Touristen an und so ist es auch kein Wunder, dass es in der Stadt nur so von tollen Hotels brummt! Für jeden Geschmack und jeden Geldbeutel ist etwas dabei und wenn man nett fragt, kann man in vielen Hotels im Foyer Hochzeitsfotos machen.

Die Bar im »Flushing Meadows« zum Beispiel ist nicht nur mit hippem Vintage-Mobiliar bestückt, sondern auch mit einem Kamin. Wer es modern und kunstvoll haben möchte, ist im »Sofitel Bayerpost« gut aufgehoben. Freunde von ausgefallenem Design werden im 25hours Hotel »The Royal Bavarian« fündig. Und wer es opulent liebt, der findet die perfekte Foto-Location im noblen »Bayerischen Hof« oder im »Hotel Kempinski Vierjahreszeiten«.

DER HOFGARTEN

Der Hofgarten eignet sich sowohl bei Sonne als auch bei Regen für tolle Aufnahmen und hat schon oft als Kulisse für Hollywood-Blockbuster wie »Fluch der Karibik« gedient. Nicht nur der Dianatempel in der Mitte des Hofgartens ist perfekt für romantische Aufnahmen, sondern auch die Säulen und Arkadengänge darum herum. Anschließend kann man auch zum Beispiel in der Residenz um Einlass bitten oder auf den Odeonsplatz ausweichen. Alternativen gibt es rund um den Hofgarten mehr als genug!

> »ICH FREUE MICH, WENN ES REGNET. DENN WENN
> ICH MICH NICHT FREUE, REGNET ES AUCH!«
> *KARL VALENTIN*

JAPANISCHER GARTEN IM WESTPARK

Der Westpark wurde 1983 für die Internationale Gartenbauausstellung angelegt und ist heute ein großer, weitläufiger Park, der vor allem für seinen Rosengarten und ein Open-Air-Kino bekannt ist. Wenige aber wissen, dass es hier einen malerischen Komplex von Pavillons mit kleinen Fenstern mit Holzschnitzereien, asiatischen Gärten, Brücken und Pagoden gibt!

STYLED SHOOTING SPECIAL:
URBANER BOHO-GLAMOUR

Eine einzigartige Atmosphäre, intensive Farben, sattes Grün, Gold schimmert immer wieder durch. Mittendrin eine moderne Braut in einem zarten, detailverliebten Kleid. Romantisch-verspielt und doch ganz sie selbst. Keine Prinzessin, eher eine Königin. Eine Frau, die weiß, was sie will, und dafür auch einsteht. Die ihren Weg, ihren Stil und ihre große Liebe gefunden hat. Wo ist sie? Ist es Marrakesch? New York? Bali? Oder ist sie doch hier, mitten in München?

Für die Organisation und Umsetzung dieses styled shootings habe ich mir mit Christina Spieß professionelle Hilfe ins Boot geholt. Sie unterstützt und begleitet als Hochzeitsplanerin *Mrs. Right* Brautpaare bei der Planung ihrer Traumfeier. Bei ihrer tagtäglichen Arbeit legt sie großen Wert auf sehr individuelle und persönliche Lösungen – ganz gleich, ob es sich um verrückte und ausgefallene Wünsche oder Nahrungsmittelunverträglichkeiten handelt. Zu ihrem Netzwerk gehören vom Floristen bis zum Konditor zahlreiche regionale Top-Partner.

Als Künstlerin hinter der Kamera hielt Corinna von *Coco Gonser Photography* das atmosphärische Setting fest. Sie selbst ist eine Frau, die mit ihrem Lachen eine Verbindung schafft. Ihre Liebe zur Natur, die Hingabe zu ihrem Beruf und zu den kleinen, schönen Momenten des Lebens geben ihren Bildern Tiefe und Gefühl. Die Aufnahmen berühren und sind so nah, schon fast intim, und so ausdrucksstark, dass die Liebe von zwei Menschen darauf greifbar zu werden scheint. Auf den Bildern des Shootings zeigt sie eine starke, moderne Frau, die mit beiden Beinen fest im Leben steht. Und die jemanden bis in die Unendlichkeit liebt.

Die Location wirkt verträumt, fast mystisch. Und ist doch mitten in der Stadt, mitten im Geschehen! Es ist nämlich das »NENI Restaurant«, das sich im Erdgeschoss des 25hours Hotels »The Royal Bavarian« befindet, direkt gegenüber vom Hauptbahnhof München! Wer hätte gedacht, dass sich hinter der historischen Fassade dieser urbane Dschungel verbirgt? Das »NENI« überzeugt mit orientalischem Essen, ganz unkompliziert und am besten zum Teilen mit den Liebsten. Perfekt für ein erstes Get Together der Hochzeitsgäste vor dem großen Tag selbst oder zum Anstoßen und Essen nach dem Standesamt.

Was die Floristik angeht, so ging Jasmyn von *Blumenstil* behutsam und sorgfältig vor. Die zusammengestellten Tischarrangements und der Brautstrauß harmonieren perfekt mit der außergewöhnlichen, bereits begrünten Location und ergänzen den Stil der Braut und das Gesamtbild. Kombiniert wurden exotische Farne und Palmenblätter zu weißen und cremefarbenen Klassikern wie Schleierkraut und Milchsternen. Der Hingucker: weiße, üppige Königsproteen mit zarten, rosafarbenen Spitzen.

Zum Tisch-Setting dazu gehört die moderne Papeterie, die ebenfalls aus der Feder von Christina Spieß ist. Als ausgebildete Grafikdesignerin hat sie nämlich neben dem Blick für das große Ganze auch den Blick für die kleinen Feinheiten und Zwischentöne. Die Einladungen und Tischkarten brechen bewusst mit dem eher opulenten Gesamtkonzept: Das transparente Papier wirkt leicht und luftig auf dem massiven Goldtisch, zeitgleich harmoniert es mit den Grautönen und Leinenservietten. Der goldene Knopf im Eck der Einladungen und in den Menükarten ist ein tolles Fingerspitzendetail, das die Papeterie mit allen anderen Tischelementen verbindet.

Einen echten Blickfang kreierte die Münchner Konditor- und Patisseriemeisterin Alexa von Harder mit ihren Torten, Törtchen, Cakepops und Macarons. Sie zeigt, dass eine einzelne, große Torte nicht unbedingt die perfekte Lösung für jedes Brautpaar sein muss. Raffinesse und Detailliebe zieht sich von den großen bis zu den kleinen Stücken durch.

Die Farbpalette aus Weiß- und Grautönen, das Spiel mit Blattgold, die scheinbar geflochtenen Strukturen auf den Tartelettes und die dunklen Beeren bringen ein Gefühl von Festlichkeit auf den Tisch. Die Hochzeit wird plötzlich greifbar.

DIE STADT ABSEITS VON WIRTSHAUS UND STADL.
MODERN, EDGY, VOR KREATIVITÄT SPRÜHEND UND
MIT EINEM HAUCH VON EXOTISCHER DEKADENZ,
VON LUXUS – ALL DAS ZEIGEN DIE AUFNAHMEN DES
BRIDAL EDITORIALS, DAS MIT HERAUSRAGENDEN
LOKALEN DIENSTLEISTERN UMGESETZT WURDE.

Pssst ...! Alexa hat seit Frühjahr 2019 auch ein Café in der Ismaninger Straße 50 in München, direkt beim Friedensengel. Vorbeischauen und probieren lohnt sich!

Antonia Heuchmer trägt für das Shooting ein Kleid des Labels *kisui Berlin*. Die neue Oui-Kollektion zeichnet sich durch junge, romantische Designs aus, die auch ein bisschen Nonchalance versprühen. Das Kleid *Ambriell* mit Spitzentop ist perfekt für eine kleine Metamorphose: Tagsüber erscheint die Braut festlich im Boho-Look, abends kann das Top ausgezogen und mit einem verführerisch ausgeschnittenen Rücken gefeiert werden.

Für den perfekten Look sorgte bei Haaren und Make-up die Stylistin Johanna Wild. Ihre Aufgabe sieht sie darin, wahre Schönheit einer jeder Frau zu unterstreichen statt zu übermalen. Und vor allem mit ihrem Hochzeits-Make-up soll eine Braut immer noch sie selbst bleiben, sich selbst treu sein. Für den Look des urbanen Boho-Glamours stylte sie einen messy High-Bun, also einen hochsitzenden, locker sitzenden Dutt, der Gesicht, Hals, Schlüsselbein und Kleidausschnitt perfekt zur Geltung kommen lässt. Dazu betonte Augenbrauen, ein Make-up in erdigen, dezenten Nude- und Rosenholztönen und ein frischer Glow.

Das letzte kleine, aber feine und vor allem wichtige Detail stammte von Carla Mayerhofer und ihrem neuen Atelier *Margaritifera*: die Eheringe! Innen glatt und glänzend, nach außen rau, leicht uneben, mit einer angenehmen Struktur und Haptik. Luxuriös, ohne viel Drumherum und außergewöhnlich, ohne sofort ins Auge zu springen. Ringe für jeden Tag. Und für ein ganzes Leben.

Nein, es muss nicht immer Marrakesch, New York oder Bali für eine außergewöhnliche Hochzeit sein. Manchmal reicht auch ein Blick über den Tellerrand, zu seinem Lieblingsrestaurant oder einer Bar, die man toll findet. Und mit den richtigen Dienstleistern an der Seite verwandelt sich ein sonst alltäglicher Ort, an dem man vielleicht jeden Tag auf dem Weg zur Arbeit vorbeigeht, in die perfekte Hochzeits-Location und die Feier, bei der Träume wahr werden.

**Regionale Dienstleister
des Styled Shootings**

Konzept & Umsetzung
Julia Strziga, Autorin,
isarweiss

Organisation & Umsetzung
Christina Spieß, Hochzeitsplanerin *Mrs. Right*

Fotografie
Coco Gonser Photography

Floristik
Jasmyn Siebenhofer,
Blumenstil München

Torten & Naschwerk
Alexa von Harder

Haare & Make-up
Johanna Wild,
Hair & Makeup Artist

Brautmode
kisui Berlin

Eheringe
Carla Mayerhofer,
Margaritifera

Model
Antonia Heuchmer

Location
Restaurant »NENI« im
25hours Hotel »The Royal
Bavarian«

HEIRATEN IM MÜNCHNER UMLAND

Die Münchner sprechen oft mit Stolz »vom Münchner Umland« und das vollkommen zu Recht! Wobei die Definition bei manch einem auch mal sehr breit angesetzt wird: Das sagenumwobene »Umland« reicht bei dem einen gerade mal bis zur S-Bahn-Endhaltestelle. Für den anderen ist der Gardasee quasi noch der Haussee des Glockenbachviertels. Man kann sich aber einig sein, dass München, seine Umgebung und das bayerische Alpenvorland viel zu bieten haben. Die Natur ist üppig, überwältigend und vielfältig. Es gibt kleine Berge und große Gebirgsmassive, Weiher und Seen, Wälder, Wasserfälle, Täler und Schluchten. Nicht umsonst zieht es Jahr für Jahr Einheimische wie Touristen an die schönsten bayerischen Spots. Naturliebhaber und Bergfreunde, die sich in Oberbayern das Jawort geben wollen, müssen sich also nur noch entscheiden, wie ihre Feier und Trauung auszusehen haben ...

Foto von Moira Rutschmann

I

INTERVIEW MIT DEN GRÜNDERINNEN DER REGIONALEN HOCHZEITSMESSE »MIA ZWOA«

In München mangelt es sicher nicht an Hochzeitsmessen, um sich inspirieren zu lassen. Schon Monate im Voraus läuft man als zukünftiges Brautpaar unweigerlich an den großen, pinken Plakaten in der Innenstadt vorbei und fragt sich, »ob man da nicht auch mal vorbeischauen sollte, einfach mal so, nur zum Gucken«. Viele Paare aus Oberbayern nehmen dafür dann auch eine längere Anfahrt nach München auf sich. Der Glaube, dass es nur in der Stadt Dienstleister mit modernen, individuellen Konzepten und einem Verständnis für die eigenen Wünsche gibt, hält sich hartnäckig. Zu groß ist die Sorge, über Empfehlungen aus der Familie an »Tante Uschis Blumenstube« zu geraten, die mit Begriffen wie »Flowerwall« oder »Backdrop« nichts anzufangen weiß und für die Pampasgras nur Unkraut ist. Doch das muss gar nicht sein.

Jessica Peter und Andrea Bauer, die Organisatorinnen der »Mia Zwoa«-Hochzeitsmesse, haben es sich zur Aufgabe gemacht, die besten regionalen Dienstleister auszuwählen und den Brautpaaren vorzustellen. Und zwar direkt in der Region selbst.

Traditionell findet die Hochzeitsmesse in den historischen Räumlichkeiten des Klosters Benediktbeuern statt. Im Gegensatz zu den großen Messen in der Stadt hat die »Mia Zwoa« schon dadurch einen ganz besonderen Charme. In nur einer Stunde erreicht man von München aus das

1250 erbaute Kloster, das ganzjährig Besucher anzieht. Und es ist auch kein Wunder: Malerisch liegt es im Voralpenland und bietet eine traumhafte Natur, Kultur und Architektur zum Erleben und Bestaunen. Das Besondere, neben einer tollen Location, ist auch die intime, familiäre Atmosphäre. In diesem historischen Ambiente lädt die »Mia Zwoa« zum Erkunden, Kennenlernen und Inspirieren ein. Auf die Brautpaare

und Besucher warten Aussteller aus allen Bereichen: Schmuck, Brautmode, Dekoration, Konditorei, Floristik, Papeterie, Musik und mehr. Neben einigen bekannten Größen der Hochzeitsbranche finden sich gerade hier noch tolle kleinere, regionale Dienstleister, mit denen man schnell ins Gespräch kommen kann und die mit Herzblut jede Hochzeit unterstützen. So kann man sich gleich vor Ort ein Bild von ihrer Arbeit machen und schauen, ob die Chemie stimmt – ganz ohne Stress oder zusätzliche Termine.

Für das Buch sprach die Autorin mit der Floristin Andrea Bauer (*Edelweiß*) und Jessica Peter, Eventmanagerin von *Eventschaukel,* den beiden Gründerinnen von »Mia Zwoa«, über ihre Messe und die Themen Hochzeitstrends und Regionalität.

Erzählt bitte über die »Mia Zwoa«-Messe: Wer steckt dahinter und wie seid ihr dazu gekommen? Gab es einen Augenblick, in dem ihr gedacht habt: »Genau das braucht die Region jetzt?«

Im Herbst 2016 kam uns die Idee, eine eigene Messe im bayerischen Oberland mit einem einzigartigen Konzept umzusetzen. Sowas gab es bis dahin noch nicht! Viele Ausstellungen und kleine Messen in Oberbayern hatten ein verstaubtes Image und wirkten altbacken. Dabei wollen auch Paare vom Land keine Hochzeit von der Stange, sondern individuelle Beratung und Umsetzung. Wir wollten genau das zeigen, eine Messe auf die Beine stellen, die sich von anderen Messen abhebt und die ganz gezielt Dienstleister aus dem Oberland hervorhebt.

Aufgrund unserer beiden Berufe passte das sehr gut zusammen und wir merkten schnell, dass wir uns gut ergänzten.

Brautpaare möchten immer individueller heiraten. Wie seht ihr dahingehend die Entwicklung unter den Hochzeitsdienstleistern? Können sie mit der Geschwindigkeit der Trends mithalten?

Ja, in den letzten Jahren hat sich hier eine Menge getan! Früher hat zum Beispiel die Braut gesagt, welche Blumen sie nicht mag, wenn überhaupt. Und der Florist hat dann einen Strauß gebunden, den dann auch eine andere Braut vielleicht vier Wochen später in Händen hatte. Heute ist das ganz anders! Brautpaare haben hohe Ansprüche, für die sie auch bereit sind, ein entsprechendes Budget in die Hand zu nehmen, und erwarten etwas Besonderes für ihren Tag. Die Trends der Hochzeitsbranche erlauben heutzutage fast alles in Bezug auf Farben und Stile, alles ist möglich! Daher ist es extrem wichtig, dass die Dienstleister mit der Zeit gehen und auf die Wünsche der Brautpaare eingehen können. Man muss sich dafür ständig mit dem Thema »Hochzeit« auseinandersetzen und kann sich nicht auf seinen Lorbeeren ausruhen. Ein Dienstleister muss sich immer fragen: Was sind die neuesten Trends? Was kann man gut kombinieren? Welche Konzepte sind gerade gefragt? Wenn Kunden eine Anfrage schicken und der Dienstleister kann mit dem Begriff »Flowerwall« nichts anfangen, wird es schwierig. Natürlich prägt Social Media die Branche extrem und die meisten Brautpaare holen sich dort ihre Anregungen. Somit ist alles sehr schnelllebig und das fordert natürlich.

> »BEI ALL DEN TRENDS KANN UND SOLLTE EIN DIENSTLEISTER ABER AUCH STETS SEINE EIGENE NOTE EINBRINGEN. DAS IST AM ENDE OFT DAS, WOFÜR SICH BRAUTPAARE ENTSCHEIDEN.«

Regionalität gewinnt immer mehr an Bedeutung, so viel steht fest. Warum macht es eurer Meinung nach Sinn, mit lokalen Dienstleistern, wie zum Beispiel Fotografen oder Juwelieren, zusammenzuarbeiten?

Viele Brautpaare denken oftmals, dass sie in der Großstadt eine bessere Auswahl an Dienstleistern haben, aber dem ist nicht so. Auch das Oberland hat einiges zu bieten. Die Menschen machen nicht nur großartige und professionelle Arbeit – durch niedrigere Ladenmieten und das Wegfallen von Lieferungen und Anfahrt können sie teilweise günstigere Preise anbieten. Dazu kommt, dass sie ein gut funktionierendes Netzwerk haben. Brautpaare profitieren davon, dass zum Beispiel Konditoren und Floristen die Location schon kennen. Alles geht dann viel reibungsloser und man muss sich selbst weniger Gedanken und Sorgen machen.

Was zeichnet die »Mia Zwoa«-Messe aus? Wie unterscheidet sie sich von den großen Hochzeitsmessen wie zum Beispiel denen in München?
Die großen Messen sind oftmals auf Masse aus und wir wollten eine Messe, die sich persönlich, individuell und mit ausgewählten Ausstellern sowie in einem besonderen Ambiente präsentiert. Handverlesen, im wahrsten Sinne des Wortes! Brautpaare, die die »Mia Zwoa« besuchen, können sicher sein, dass sie hier großartige Produkte und Dienstleistungen finden, ohne dass sie stundenlang Stände abklappern müssen. Dabei legen wir auch großen Wert auf das Gesamtbild und die Gestaltung. Das Auge isst ja bekanntlich mit! Die Stände sind bei uns alle sehr detailverliebt, damit sich Besucher gleich ein Bild vom Stil und Handwerk der Dienstleister machen können. Nur ein weißer Tisch mit Flyern – das gibt es bei uns nicht. Gleichzeitig wollen wir mehr sein als nur eine Messe. Wir versuchen, auch den Ausstellern selbst einen Mehrwert in Form von Shootings und Netzwerkmöglichkeiten zu geben. Es ist wichtig, dass sich die Dienstleister aus den Ortschaften kennenlernen oder sich zu gemeinsamen Projekten zusammenfinden und wir bieten gerne eine Plattform dafür. Start-ups haben außerdem die Möglichkeit, sich in unserer Ideenecke kostenfrei zu präsentieren. Unsere Besucher bekommen dadurch viele Ideen und Anregungen mit auf den Weg und zeitgleich wird die regionale Branche gestärkt und unterstützt. Das war uns von Anfang an wichtig. Nicht nur nehmen, sondern auch geben!

>»UMSO MEHR FREUT ES UNS, DASS WIR AUCH
>IMMER MEHR BESUCHER AUS DER GROSSSTADT
>HABEN. DARAN MERKEN WIR, DASS WIR ETWAS
>EINZIGARTIGES AUF DIE BEINE GESTELLT HABEN.«

II

HEIRATEN IN DEN WÄLDERN

Nicht nur durch Pinterest ist das Thema »Heiraten im Wald« der Trend schlechthin. Es ist die Gegenbewegung zur weit verbreiteten und durchaus berechtigten Angst vor einer zu schnell vorbeirauschenden und stressigen Hochzeit.

> ES IST DIE SEHNSUCHT NACH RUHE, NACH INTIMITÄT, NACH NÄHE ZUR NATUR UND ENTSCHLEUNIGUNG, DIE JUNGE BRAUTPAARE VERSTÄRKT SUCHEN.

Und was kann dafür scheinbar besser geeignet sein als ein Waldgrundstück? Die Stille und der Duft von Nadelbäumen, Moos und Farn, ein märchenhaftes Licht, Vogelgezwitscher und das Knacken von Ästen. Wenige Orte lassen die Liebe eines Paares so in den Fokus rücken.

Fotos von Josée Lamarre

Liebesgeschichte: Cleo und Thomy gaben sich im Wald bei Farchach bei Starnberg das Jawort. Zwölf gemeinsame Jahre hatten sie bis dahin bereits verbracht. Ein Elopement im Boho-Stil, nur zu zweit, begleitet von der talentierten Fotografin Josée Lamarre. Mit dabei: Kerzen, Decken, Kissen, Teppiche und eine Gitarre von

Zuhause. Mit selbstgemachten Girlanden und losen Blüten-blättern verwandelte sie einen kleinen Fleck in ihre bunte, romantische Oase inmitten von einem Meer aus Moos und Grün. Sonst war da keine Ablenkung, keine Besucher, nur die zarte Liebe und Zuneigung zueinander. Und der Wald.

Aber Achtung: So romantisch die Vorstellung auch ist – in einen Wald
gehen, ein Lichtermeer aus Kerzen aufstellen und 80 Gäste einladen ist
nicht so einfach möglich!

Vorab stellt sich immer die Frage nach dem Rahmen der Hochzeit.
Handelt es sich hierbei um ein ganz intimes Fest mit dem Brautpaar,
dem Fotografen und dem Trauredner? Oder ist die Feier als großes Fami-
lien- und Freundesevent geplant? Bei einem Elopement reicht es oftmals
tatsächlich, nur ein Waldstück auszusuchen und sich dort niederzulas-
sen. Alles darüber hinaus erfordert jedoch größeren organisatorischen
Aufwand. Schon alleine die Frage nach den sanitären Anlagen für nur
eine Handvoll Gäste zeigt die Planungsdimensionen, auf die sich das
Brautpaar einstellen muss. Hat man festgelegt, wie viele Personen im
Rahmen der Waldhochzeit eingeladen werden, geht es darum, das ge-
eignete Waldgrundstück zu finden. Dabei kann es sich um einen Forst in
der Nähe des Wohnortes des Paares handeln oder auch um ein Waldstück
in der Nähe der Location, in der nach der Zeremonie gefeiert werden soll.

Kann man den Besitzer nicht ausfindig machen, muss man den Förster beziehungsweise das Forstamt kontaktieren und hier auch seinen Wunsch vorbringen. Ohne eine Genehmigung durch den Förster ist das Feiern im Wald natürlich nicht möglich. Es steckt also schon eine Menge Recherchearbeit hinter der Wahl dieser besonderen Location.

ABER WER RUHE UND ABGESCHIEDENHEIT SUCHT,
FINDET DIESE EBEN NICHT IM ZENTRUM VON
MÜNCHEN …

Hat man eine Genehmigung und das Go von Förster und Eigentümer, steht der eigentlichen Planung nichts im Wege. Dabei sollte auf infrastrukturelle Punkte, wie sie bei einer festen Hochzeits-Location gegeben wären, besonders viel Aufmerksamkeit gelegt werden. Denn so romantisch und unkompliziert Waldhochzeiten auf Bildern wirken, so sehr sind sie genau wie traditionelle Hochzeiten auf Organisation und Infrastruktur angewiesen. Dazu gehören Punkte wie:

- ~ Anfahrt und Parkmöglichkeiten, sowie Zugang zum Trauungsort, auch für Menschen mit Kindern, Senioren oder Personen im Rollstuhl
- ~ Stromversorgung für Lichterketten oder Musik
- ~ Sanitäre Anlagen für die Gäste
- ~ Feuerlöscher und/oder Feuerdecken. Offenes Feuer und Kerzen sind in den meisten Forstbetrieben strengstens verboten, hier kann man auf hochwertige LED-Kerzen in Wachsoptik ausweichen
- ~ Transport und Aufbau von Essen und Getränken. Sind warme Speisen geplant, muss eine entsprechend Warmhaltevorrichtung bedacht werden
- ~ Sitzgelegenheiten
- ~ Zelte und Planen gegen Regen
- ~ Müllentsorgung

Doch trotz zahlreicher organisatorischer und bürokratischer Hürden muss der Traum einer Hochzeit im Wald nicht ausgeträumt sein! In Oberbayern gibt es einige Möglichkeiten, ihn doch noch wahr werden zu lassen.

RENT-A-TIPI

Professionelle Unterstützung bei der Planung, Auswahl und dem Aufbau eines romantischen Tipis bietet das Unternehmen *Rent-A-Tipi* von Bernd Forster aus Neumarkt in der Oberpfalz. Er hat sich auf große Zeltkonstruktionen und auch kleine Tipi-Camps spezialisiert, berät und beliefert inzwischen Firmen und Privatpersonen weltweit. Brautpaare können dabei nicht nur auf das Zeltequipment zurückgreifen, sondern auch auf Bestuhlung, Beleuchtung, offene Öfen und Feuerschalen und Rentierfelle. Durch ein Netzwerk aus professionellen Dienstleistern kann so jede Feier outdoor und im Wald, ganz gleich, ob rustikal, boho oder modern und elegant, realisiert werden.

TIPIYEAH

Wer auf romantische, verspielte Dekoration und eine märchenhafte Atmosphäre nicht verzichten möchte, wird bei *Tipiyeah* aus Berlin fündig. Das junge Unternehmen hat den Boho-Trend erkannt und bietet kleine und große Zelte, Makramees, Backdrops, Kissen, Wimpel und mehr.

LOCATIONS MIT WALD- UND OUTDOORFEELING

Am einfachsten ist es, wenn bereits bei der Location-Wahl darauf geachtet wird, ob für die Feier ein Waldgrundstück zur Verfügung steht. Dabei kann man auf hauseigenes Catering und sanitäre Anlagen zurückgreifen und hat für den Fall der Fälle eine Schlechtwetterlösung. Gerade im Münchner Umland gibt es zahlreiche Stadl, Scheunen und Wirtshäuser, die an ein Waldgrundstück grenzen. Wer kann, fährt direkt hin und macht sich selbst ein Bild von Fläche und Baumbestand. Ohnehin sollte man sich mit seinem Hochzeitsfotografen die Umgebung genau ansehen, um die besten Möglichkeiten für das Brautpaar-Shooting bereits vorab ausfindig zu machen!

»BLUELAND«

Das »Blueland« zwischen Oberammergau und Kochel am See ist eine fast schon magische Veranstaltungs-Location, die bei Bedarf 6000 Quadratmeter Fläche für Feiern aller Art bietet. Neben den beheizten Tipis gibt es noch eine kleine Almhütte, die zum Beispiel müden Kindern als Schlaflager dienen kann. Und eine Wiese mitsamt Waldgrundstück.

OUTDOOR-TRÄUME WERDEN HIER WAHR!

Liebesgeschichte: Sabri und Niko feierten im »Blueland« ihre bayerisch-kolumbianische Liebe und Toni von Stories by Toni *war dabei. Bunt, detailverliebt, sommerlich und im Boho-Stil! Johann, der Trauredner von* Strauß und Fliege, *rührte die beiden und ihre Gäste zu Tränen — bevor es zu einem romantischen Paar-Shooting in den dichten Wald direkt am*

Fotos von Stories by Toni

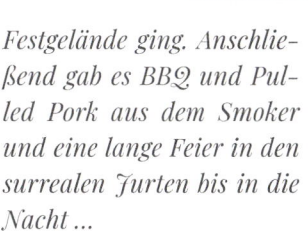

Festgelände ging. Anschließend gab es BBQ und Pulled Pork aus dem Smoker und eine lange Feier in den surrealen Jurten bis in die Nacht ...

III

HEIRATEN AM WASSER

Während die einen am liebsten in den Bergen auf einer hochgelegenen Almhütte heiraten, zieht es andere Brautpaare an die Ufer der bayerischen Seen. Und davon gibt es weit über 200 im ganzen Bundesland! Glatte Oberflächen, in denen sich die Alpen spiegeln und verwunschene Weiher inmitten von Grün und Schilf. Ganz gleich, ob modernes Seeloft, uriges Bootshaus oder ein alteingesessener Betrieb mit großem Außenbereich – jedes Brautpaar kann bei der großen Auswahl den perfekten See und die perfekte Location dazu finden. Am Seeufer lässt sich leicht ein ganzer Tag perfekt verbringen, ohne dass ein Location-Wechsel notwendig ist. Eine freie Trauung am Nachmittag, direkt am hauseigenen Strand oder der Terrasse, kann fließend in Champagner und Häppchen übergehen. Für romantische Hochzeitsfotos eignen sich private Stege oder ein gemietetes Boot für mehr Ruhe und Privatsphäre. Und wer dann noch gute Küche genießen und ohne Nachbarn bis in die Abendstunden tanzen möchte, während über dem See die Sonne untergeht, ist auch bedient. Heiraten am Wasser ist in Bayern also hoch im Kurs!

LOCATIONS

»BOOTSHAUS AM TEGERNSEE«

Das Bootshaus steht seit 1934 direkt am See und wirkt auf den ersten Blick ursprünglich und rustikal. Aber natürlich hat sich im Laufe der Jahre viel getan: Auf die Gäste wartet eine große Glasfassade zum Wasser hin und modernste Technik. Eine kleine Terrasse und der Steg laden zum Fotografieren und Anstoßen ein.

»FÄHRHÜTTE 14« AM TEGERNSEE

Das Restaurant »Fährhütte 14« ist schon lange Anlaufstelle für kulinarische Genüsse am Tegernsee in einem kleinen, gemütlich-maritimen Rahmen. Mit seiner leicht abgeschiedenen Lage direkt am See bietet es neben Terrasse und Steg einen eigenen kleinen Strand, der sich perfekt für eine freie Trauung eignet. Zur kalten Jahreszeit kann auch der Kamin angeschmissen werden!

Hochzeitsplanerin Martina Anders zeigt zusammen mit der Fotografin Lilly Karsten, wie luxuriös und gleichzeitig unbeschwert das Heiraten am Wasser sein kann. Das Blumenkonzept von *Das Blumenfenster* in Dachau greift Pampasgras als wichtiges Element auf, die Papeterie von *Avecarta* ist zum Teil auf Acryl und damit transparent. Beides, Pampasgras und Acryl, sind aktuell DIE großen Trends. Das Styling von *Getting Ready* vereint die klassische Hochsteckfrisur mit einem dezenten, natürlichen Make-up, das perfekt zur Braut, den winterlichen Temperaturen und dem Kleid von *Flamenco Brautmoden* passt. Vervollständigt wurde das Setting durch die Ringe von *MARRYING* und eine Torte von *sweetDIVA*. Das Shooting wurde zusätzlich von *MOKATI Fotos und Film OHG* begleitet.

Fotos von Lilly Karsten Photography

HOTEL »LANGWIEDER SEE«

Der Langwieder See ist eigentlich eine sogenannte Seenplatte, beste-
hend aus mehreren kleinen Seen: dem Langwieder See, dem Luß- und
dem Birkensee. Alle drei bei Aubing unweit von München. Ganze drei
Kirchen und zwei Standesämter befinden sich in der Nähe, ansonsten
sind auch freie Trauungen am Seeufer des Seehotels »Langwieder See«
möglich. Hier gibt es vom Kaminzimmer bis zum Seepavillon ganz unterschiedliche Feiermöglichkeiten. Sogar eine eigene Hauskapelle steht
im Rosengarten. Und natürlich alles stets mit Seeblick.

CHIEMSEE

Am »bayerischen Meer« gibt es unzählige Möglichkeiten, sich trauen zu
lassen und zu feiern. Mit einem Dampfer kann die Festgemeinde auf eine
der Inseln übersetzen und königlich-bayerisches Flair genießen. Auf der
Insel Frauenchiemsee kann man im alten Mesnerhaus standesamtlich heiraten, auf der Insel Herrenchiemsee im Bibliothekssaal. Das Kloster Frau-
enwörth bietet kirchliche Trauungen an. Gefeiert werden kann auf einer
der jeweiligen Inselwirtschaften oder wieder auf dem Festland.

»HAUS AM SEE«, STARNBERGER SEE

Schon Peter Fox sang vom »Haus am See«, auch wenn er damit vielleicht
ein anderes meinte als das Haus im Süden von Starnberg. Durch eine
breite Glasfront sieht man direkt auf das Wasser, das Ambiente ist modern und gemütlich. Die hauseigene Kulinarik ist alles andere als ge-
wöhnlich, sondern überrascht mit hochwertigen, kreativen Gerichten.
Zwischen 50 und 600 Gästen finden hier Platz. Zum Anstoßen gibt es
einen Sundowner auf der eigenen Terrasse mit Ausblick auf das Wasser.

KÖNIGSSEE

Der Königsee im Berchtesgadener Land zieht jährlich Tausende von Einheimischen und Touristen an. Seine Lage – imposant zwischen aufragenden Felsen und Wäldern –, sein klares Wasser und natürlich die Kapelle
und Wirtschaft am Ende der Bootsfahrt sind zu jeder Jahreszeit einen
Besuch wert. Wer kennt nicht das Gefühl, in der Stille über den See zu
gleiten, bis ein Horn ertönt und das Echo zurückgeworfen wird ...? In der
Wallfahrtskirche St. Bartholomä kann auch geheiratet werden. Brautpaa-

re müssen sich hierzu an die Bayerische Schlösser- und Seenverwaltung wenden. Eine Hochzeit in Tracht ist geplant? Stilechter geht es kaum!

»LENAS AM SEE«, AMMERSEE

Die Seenlandschaft im Münchner Umland hat einen schlechten Ruf: Zu schnöselig, zu altbacken, zu teuer. Hier sitzt das alte Geld, heißt es, und

das lockt junge Paare nur bedingt. Das »Lenas am See«, in Utting am Ammersee, beweist das Gegenteil. Hier kann man in einer tollen, modernen, ja schon fast urbanen Atmosphäre feiern, die hohen Fenster garantieren einen traumhaften Blick nach draußen, auf das Wasser und den Steg. Bei gutem Wetter steht auch eine Terrasse zur Verfügung, die für freie Trauungen genutzt werden kann. Toll, wenn dann noch die Sonne untergeht und den Raum in warmes Abendlicht taucht ...

Foto von Lenas am See

KLEINHESSELOHER SEE

Der künstlich angelegte See mitten in München im Englischen Garten lädt im Sommer und Winter zum Spazierengehen ein und ist nicht unbedingt das, was ein »geheimer Hotspot« ist. Doch während das Restaurant »Seehaus« bekannt und gut besucht ist, ist die unscheinbare »Scheune« direkt daneben den meisten kein Begriff. Roh und urig wirkt sie mit ihren massiven Dachbalken und den imposanten Lichtern. Stadl-Feeling mitten in der Stadt und doch am Wasser! Geheiratet werden kann hier nur von Mai bis September, denn sie ist nicht beheizbar, dafür perfekt für eine ungezwungene Feier direkt am See und mitten in der Stadt.

»FEINKOCHWERK EATERY«, AMMERSEE

Das »Feinkochwerk« steht bereits seit einigen Jahren für hochwertiges, kreatives Catering mit regionalen und saisonalen Zutaten. Mit der »Eatery« – die Café, Restaurant und der Catering-Hub in einem ist – hat der

Ammersee einen neuen Hotspot gewonnen! Doch nicht nur das Essen überzeugt im Tagescafé, sondern auch die Location selbst, denn die ist das alte Hechendorfer Bahnhofsgebäude, das liebevoll restauriert wurde. Wer besondere Gastronomie mit persönlicher Note sucht, wird die »Eatery« lieben!

~ KLEINER TIPP ~

Eine standesamtliche Trauung im Wald oder im heimischen Garten ist in Deutschland nicht möglich und auch nicht rechtsgültig. Ein Standesbeamter muss her und ein Standesamt mit einem Dach, das den Ort zu einem echten Standesamt macht. Seit 2009 können Brautpaare aber auch auf Booten getraut werden – diese müssen jedoch zum Zeitpunkt der Trauung am Ufer festgemacht sein! Anfragen können an die Bayerische Seenschifffahrt und die ortsansässigen Standesämter selbst gestellt werden.

~ ~ ~

Feiern in einem Sommerhaus mit 180-jähriger Geschichte, direkt am Tegernsee – das ist im **Westerhof-Café im Stieler-Haus**« möglich! Auf Gäste wartet hier eine ganz besondere Atmosphäre, immerhin gilt es als Vorreiter für weitere Ansiedelungen bedeutender Künstler im Gefolge des königlichen Hofes im Tegernseer Tal. Durch aufwendige Restaurierungen vereint die Location echte bayerische Geschichte mit modernem Ambiente und Kulinarik auf höchstem Niveau. Besonders schön: Der romantische Wintergarten mit Seeblick!

~ ~ ~

IV

AUSSERGEWÖHNLICHE
ORTE & LOCATIONS

Berge und Seen, Ballsäle und Hinterhöfe, Scheunen und Wirtshäuser – all das kann einem einfallen, wenn man nach Hochzeits-Locations in und um München herum sucht. Aber manche Paare wollen noch einen Schritt weiter gehen und etwas ganz Außergewöhnliches und Besonderes finden, aus dem Alltag ausbrechen und die Hochzeit zu einem noch unvergesslicheren Ereignis werden lassen. Nicht im Sinne von »Bigger is better«, sondern als ganz individuellen Ausdruck ihrer Wünsche und Vorstellungen. Wer Augen und Ohren aufmacht, wird schnell merken, dass das Münchner Umland neben den klassischen und bekannten Locations noch das ein oder andere Ass im Ärmel hat! Wie wäre es zum Beispiel mit einer Hochzeit ...

... IM »WANNDA CIRCUS«

Seit einigen Jahren schon steht »Wannda Circus« für ein magisches Festivalgefühl im Norden von München. Die bunten Zirkuszelte, Lampions über Outdoor-Tanzflächen, bunte Stände und glimmende Lichterketten sorgen im Münchner Norden auf dem hauseigenen Open Air-Festival für Glitzer- und Konfettimomente. Fast schon surreal versinkt dann das ganze Areal in der Abendsonne, während Menschen tanzen, lachen und sich unterhalten. Und nur die wenigsten wissen, dass man hier auch heiraten kann! Drumherum ist viel Grün und wenig Nachbarn, man bleibt für sich und taucht ab in einen malerischen Traum. Wer möchte, kann über das Organisationsteam von »Wannda Circus« auch Artisten, Dekoration und DJs buchen.

... IM »MARKUS WASMEIER FREILICHTMUSEUM«

Raus aus dem Alltag und rein in die längst vergangenen Tage auf einem urigen Bauernhof! Das »Markus Wasmeier Freilichtmuseum« am Schliersee bietet seit 2007 schon einen authentischen Einblick in das Leben »einfacher Leute« – auf dem riesigen Gelände des Museumsdorfes gibt es unter anderem einen Hofladen, eine eigene kleine Braustube, eine Gastwirtschaft mit Biergarten, eine Brennerei, Bäckerei und unzählige Gärten. Und in diesem einmaligen Ambiente, inmitten von Grün und dem einen oder anderen Huhn, das gackernd über den Weg läuft, kann man auch heiraten. Wer hier an Verkleidungen denkt, liegt falsch. Die hauseigene Veranstaltungsagentur kümmert sich um alle – rustikalen und modernen – Hochzeitswünsche!

... AM STRAND BEI »ROBERTO BEACH«

Eine Hochzeit wie in der Karibik, aber mitten in München ... Nach einem verheerenden Brand eröffnete die Anlage 2016 neu und besser als je zuvor. Eine gigantische Konstruktion aus Glas lässt die Sonne auf Strand und Pool fallen, bei gutem Wetter kann man auch das Ufer des kleinen Aschheimer Sees mitbenutzen. Paare und Weddingplaner mit einem Händchen für stilvolle Dekoration können die Hallen, die sonst gerne von Beachvolleyballspielern mitbenutzt werden, mit Rattanmöbeln, Backdrops, weißen Leinen und großen Lampions in eine hochwertige Hochzeits-Location mit Ibiza-Vibes verwandeln.

... MIT ALPAKAS IN DER »WEILACHMÜHLE«

Seit 1874 gibt es die »Weilachmühle« schon. Heute kann man im wunderschön restaurierten Stadl heiraten und sich im Sommer an einem blühenden Garten erfreuen. Doch die wahre Attraktion sind die flauschigen Bewohner der »Weilachmühle«: die Alpakas, die den Ort seit 2012 ihr Zuhause nennen. Diese kann man hier nicht nur füttern, streicheln, mit ihnen gemeinsam auf Wanderung gehen und bei Seminaren alles über die sanften, sozialen und schlauen Tiere lernen, sondern auch als besondere Gäste bei der eigenen Hochzeit willkommen heißen.

Liebesgeschichte: Miriam Kuschel setzte als Fotografin bei einem flauschigen Shooting nicht nur Braut Julia und Bräutigam Nico in Szene, sondern auch die zutraulichen, schlauen und unglaublich weichen Vierbeiner vom »Pointnerhof« bei Hohenlinden, die unbeeindruckt und entspannt an der Seite des Paars blieben. Blumenschmuck von Mohnblume

Kissing, *das Brautkleid von* Perlenweiss *und Haare und Make-up von* Bride Side *sind leicht und unbeschwert und passen perfekt ins sommerlich-ländliche Setting. Und ganz ehrlich: Bei diesen Begleitern braucht es auch wirklich nicht mehr Drumherum!*

Fotos von Miriam Kuschel Fotografie

... IN DER »ALTEN SPINNEREI«

Die »Alte Spinnerei« in Kolbermoor lässt Hochzeiten im »industrial« Chic wahr werden, denn gefeiert wird im renovierten und restaurierten Backsteingebäude inklusive des Kesselhauses der ehemaligen Fabrik. Rohre, Steinfassaden, viel Glas und Metall klingen zunächst wenig romantisch – aber mit dem Belichtungs- und Bestuhlungskonzept werden die Räumlichkeiten zu einer einzigartigen Location. Die Nähe zum Seitenlauf der Mangfall und der hauseigene Rosengarten geben Paaren außerdem die Möglichkeit, tolle Outdoor-Fotos zu machen.

~ ~ ~

Noch lange bevor Brautpaar und Gäste die Location betreten, den Blumenschmuck sehen oder den Wein probieren, ist da die Hochzeitspapeterie in Form von Save-The-Date- oder Einladungskarten, die man in den Händen hält. Für welchen Stil und für welche ausgefallene Location auch immer man sich entscheidet: Sie gibt einen kleinen Einblick in die bevorstehende Hochzeit und das Design findet sich auch auf den Menü- und Dankeskarten wieder. Sie ist der rote Faden, der sich durch das Gesamtkonzept zieht. Mit *Cards+Crafts*, die feine Papeteriemanufaktur aus München, haben Nora und Luca mehr als nur einen Online-Shop für Papeterie gegründet. Mit ihrem lokalen Label beraten sie jedes Brautpaar persönlich und individuell. Und bringen immer wieder neue Kollektionen heraus, von minimalistisch mit Marmor über Palmenprint bis hin zu den Golden Twenties oder einer maritimen Optik in Aquarell – hier finden Paare handgemachte, einzigartige Designs mit persönlicher Note.

~ ~ ~

V

HEIRATEN IN DEN BERGEN

Die Berge, hach, die Berge! Manche Paare sehen sie jeden Tag, wenn sie morgens ihre Fenster öffnen. Sie sind ihre täglichen Begleiter, mal mit grünen Hügeln, mal mit schneeweißen Gipfeln. In ihren Seen erfrischt man sich im Sommer und im Winter ist man schon als Kind die Wege hinuntergerodelt. In- und auswendig kennt man ihre Ecken, Kanten und Kurven. Für Münchner sind sie wie eine stetige Verlockung für einen Sonntagmorgen. Nur aufstehen müsste man und in 40 Minuten ist man spätestens schon da ... Ihre Wiesen, Pfade, Täler, Kämme und Gipfel sind Rückzugsort und Zuflucht, schenken Erholung und Entspannung. Die massiv aufragenden Gesteinswände gebieten Ehrfurcht, sie lassen uns klein und unbedeutend vorkommen und zeitgleich der Natur so nah sein.

WER SCHON EINMAL ALLEIN DURCH EINEN
BERGWALD GELAUFEN IST, DIE KRISTALLKLARE
LUFT ATMEND, AUF DEM WEG NACH OBEN, DIE
VÖGEL, DAS ZIRPEN IM WALD UND DAS KNACKEN
DER ÄSTE UNTER DEN SCHUHEN HÖREND, DER
WEISS, WOVON DIE REDE IST.

Liebesgeschichte: Eva und Fabian sind absolute Wander- und Bergliebhaber. Es stand gleich fest, dass nur eine Almhochzeit für sie in Frage kommt. Sie haben sich für die Gamsalm Ehrwald entschieden und nutzten ganz stilecht einen romantischen Aufstieg in Wanderschuhen mit ihrer Fotografin Melanie Wirth. Den ruhigen Wald und den Gipfelausblick hatten sie dann nur für sich, bevor sie sich ganz auf den Trubel im Kreis ihrer Lieben einlassen konnten.

Fotos von Melanie Wirth Photodesign

126

Was eine Feier und Trauung am Berg so besonders macht, sind natürlich die Aussicht, traumhafte Sonnenauf- und untergänge, unberührte Natur, keine Nachbarn oder sonstige ungebetene Gäste. Außer vielleicht etwas Fleckvieh, das aber meist eher unbeeindruckt über den Zaun späht. Kinder können sich auch mal aus der Zeremonie rausschleichen. Für Familie und Freunde, die von außerhalb anreisen, wird so eine Feier gleich zu einem kleinen Urlaub. Kein Wunder, dass eine Heirat in den Bergen für viele Brautpaare den Tag erst wirklich perfekt macht. Und wer denkt, dass eine Hochzeit in den Bergen immer urig und traditionell sein muss, der irrt. Von modern bis vintage sind auch bei den »Mountain Stories der Liebe« alle Stilrichtungen möglich!

LOCATIONS

Die Buchung der richtigen Hochzeits-Location erweist sich auch beim Wunsch in den Bergen zu heiraten als knifflige Angelegenheit. Die Möglichkeiten reichen dabei von einfachen Stuben bis hin zu hochprofessionellen, alpinen Hochzeits-Locations, von einer Trauung mitten auf der Almwiese bis zu einem monumentalen Ausblick. Wie immer muss das Brautpaar entscheiden, wie ihre Feier aussehen soll – und auch den Planungs- und Organisationsaufwand davor, denn eine Berghochzeit ist, ähnlich zu einer waschechten Destination Wedding, nicht zu unterschätzen.

Soll die Hütte 100 Gäste beherbergen oder nur ausgewählte 20? Ist Internet ein Must-have? Ist sie mit einer Gondel oder mit dem Auto erreichbar? Gibt es Versorgung vor Ort, darf oder muss ein eigenes Catering organisiert werden? Wie soll die Dekoration, die Floristik, die Hochzeitstorte angeliefert werden, wie viel Zeit bleibt für An- und Abbau? Fragen über Fragen, die man sich vor der Entscheidung dringend stellen sollte!

~ HÜTTE IST NICHT GLEICH HÜTTE! ~

Der Deutsche Alpenverein weist explizit darauf hin, dass die Alpenvereins-Hütten in den Bergen hauptsächlich bergsportlichen Zwecken dienen und sich nicht immer zum Feiern und dem Beherbergen von Hochzeitsgästen eignen. Wer sich eigenständig auf die Suche nach einer abgelegenen Hütte macht: Stets mit dem Hüttenwirt sprechen, was möglich ist und was nicht! Gegebenenfalls können auch individuelle Absprachen getroffen werden.

»ALMBAD HUBERSPITZ«

Die gemütliche Alm, auf der auch standesamtliche Trauungen möglich sind, wurde schon unter »Bayerns schönste Standesämter« (siehe S. 19) vorgestellt. Aber die Location perfekt macht nicht nur das Standesamt und der Ausblick auf den Schliersee und den Wald, sondern auch die Tatsache, dass man das »Almbad Huberspitz« von Freitag- bis Sonntagmittag mieten kann! Das ermöglicht ein traumhaft entspanntes Hochzeitswochenende für Freunde und Familie. Bei gutem Wetter wird auf der Almwiese gedeckt, als Schlechtwetteralternative gibt es die gemütliche Stube. Am Abend kann man draußen bei Fackeln und Lagerfeuer zusammensitzen. Das Essen wird vom Wirt abgenommen, der Rest kann selbst organisiert und mitgebracht werden. Ca. 85 Personen können hier feiern und insgesamt 40 Gäste können auch übernachten. Dadurch dass der »Huberspitz« unter Naturschutz steht, müssen die Autos im Tal stehengelassen werden und die Hütte bewahrt

Foto von Almbad Huberspitz/Tom & Jezz Fotografie

ihren unzugänglichen Charme, obwohl der Aufstieg nur 30 Minuten dauert.

»BRENNERALM«

In der Nähe von Ellmau und damit mittendrin im majestätischen Kaisergebirge lässt es sich herrlich auf der »Brenneralm« heiraten. Wer eine kirchliche Trauung wünscht, kann dabei zum Beispiel auf die Pfarrkirche Scheffau zurückgreifen. Die »Brenneralm« beschreibt sich selbst als »gemütlichen Luxus in traditionellem Gewand« mit einem direkten Blick auf die Kaiserberge. 200 Gäste können hier gemeinsam feiern, Parkplätze gibt es direkt vor der Tür. Und wer mit seinen Liebsten die Nacht vor der Hochzeit gemeinsam verbringen möchte, dem steht ein 240 Quadratmeter großes Penthouse mit eigener Sauna zur Verfügung.

»SPORTHEIM BÖCK«

Auf 1500 Metern Höhe und damit mitten in den Allgäuer Bergen bietet die Hütte ein unglaubliches Panorama über 350 Gipfel, Seen und die Königsschlösser. In der Zirbenstube können sich Paare auch standesamtlich trauen lassen, anschließend geht es auf die Sonnenterrasse für ein Aperitif und zum Feiern. Zimmer im modernen Chalet-Stil laden zum Übernachten ein. Und Paare, die gerne alles aus einer Hand haben, können auf ein angestammtes Dienstleisternetzwerk zurückgreifen.

»WUHRSTEINALM«

Wohlfühlen, genießen und feiern auf 1120 Metern Höhe in der Chiemgauer Bergwelt verspricht die »WuhrsteinAlm«. Die Alm kann nicht mit dem eigenen Auto angefahren werden, für Senioren und andere Gäste, die den 75-minütigen Aufstieg nicht schaffen, sowie für Gepäck und Dekoration, steht jedoch ein Shuttle zur Verfügung. Die kleine Anstrengung wird mit einem Blick auf den grandiosen Watzmann belohnt. Die Alm bietet eine weitläufige Außenterrasse und ein eigenes Weinstüberl. Ohne viel Klimbim, dafür bodenständig und familiär kann hier gefeiert werden.

»BISCHOFER ALM«

Auf 1350 Metern liegt die »Bischofer Alm« und bietet mit 20 Schlafplätzen einer kleinen, aber ausgewählten Hochzeitsgesellschaft Privatsphäre und Erholung auf hohem Niveau. Sogar eine eigene kleine Kapelle und ein Spa-Bereich werden hier geboten. Insgesamt können bis zu 50 Gäste auf der Alm feiern, die von außen und innen ursprünglich und rustikal ist und durch zahlreiche liebevolle Details wie etwa ausgelegten Schaffellen zu einer gemütlichen Bergoase wird.

»ALMBAD SILLBERGHAUS«

Klein, familiär und außergewöhnlich – so lässt sich das »Almbad Sillberghaus« bei Bayrischzell am besten beschreiben. Brautpaar und Gäste erwartet nicht nur der Blick ins Grüne, sondern ein außergewöhnlicher Naturpool, der zum Verweilen und Baden einlädt. Insgesamt gibt es auf der Alm nur 13 Zimmer, aber eine Hochzeit lässt sich hier trotzdem perfekt mit einer Trauung in Schliersee oder Fischbachau kombinieren. In

Fotos von Almbad Sillberghaus/Tom & Jezz Fotografie

diesen Orten können auch die restlichen Gäste zum Übernachten unterkommen. Besonders schön: Auch eine kirchliche Trauung direkt auf der Alm ist möglich.

»BERGHÜTTE BÄRENFALLE«

Hoch über dem Allgäu, auf 1100 Metern Höhe, mit grandiosem Ausblick auf den Alpsee und das umgebende Bergpanorama liegt die »Berghütte Bärenfalle«. Die Auffahrt erfolgt ganz stilecht mit der Sesselbahn, für Gepäck und Dekoration steht ein Shuttle zur Verfügung. Feiern lässt es sich auf der Sonnenterrasse und in der Stube.

»WANNENKOPFHÜTTE«

Wirklich ganz für sich sein, am Abend an der frischen Luft in den Sternenhimmel schauen, wenn nur das Lagerfeuer knistert ... Das hört sich perfekt an? Dann ist die »Wannenkopfhütte« genau das Richtige! Sie kann komplett exklusiv gemietet werden, sodass keine unerwünschten Besucher und Tagesgäste den Tagesablauf stören. 60 Gäste können auf der urigen Hütte bewirtet werden und 14 Zimmer stehen zur Verfügung. Wer nicht auf der

Foto von Wannenkopfhütte

Hütte bleiben möchte, findet im Tal Übernachtungsmöglichkeiten.

»OBERE MAXLRAINERALM«

Der Spitzingsee ist im Sommer wie im Winter ein beliebtes Naherholungsziel für Wanderer, Erholungssuchende, Rodler, Ski- und Snowboardfahrer. Auf der »Oberen Maxlraineralm« lässt es sich aber auch ganz wunderbar heiraten – und das ganz fernab von Trubel und Tagesgästen. Die kleine Hütte wirkt, als würde sie fast aus dem Berg herauswachsen. Sie findet 1716 zum ersten Mal Erwähnung und ist damit fast 300 Jahre alt. Das sensationelle Spanferkel kann auch für Hochzeitsfeiern gebucht werden.

»DER MOARHOF« AM SAMERBERG

Südlich von München liegt zwischen Inn und Chiemsee das Samerberger Tal und Paare können sich hier in einem aufwendig restaurierten, denkmalgeschützten Gebäude das Jawort geben und mit ihren Gästen feiern. Für die freie Trauung und das gemeinsame Anstoßen steht ein weitläufiger Apfelbaumgarten zur Verfügung, mit einem freien Blick auf die Berge. Anschließend kann in der alten Tenne mit wunderschönen Holzbalken kräftig gefeiert werden.

Liebesgeschichte: Mehtap und Simon entschieden sich ganz bewusst für eine sehr kleine, familiäre, intime winterliche Trauung. Auf der Suche nach dem perfekten Ort für eine standesamtliche Hochzeit und ein Get Together im An-

Fotos von Lia Wagner/Wild Soulmates

schluss entschieden sie sich für den »Blauen Salon« in Oberstdorf, denn hier kann man direkt nach der Zeremonie im hauseigenen Restaurant essen und anstoßen. Als Farben wählten sie ganz passend Blau- und Silbertöne und um bei den kalten Temperaturen im Schnee nicht zu sehr zu frieren, trug Mehtap eine Fake-Fur-Jacke. Herrlich winterlich!

BERGWANDERN, FEIERN & SICHERHEIT

Ganz gleich, ob gut erschlossene Berg-Locations, die sich auf das Feiern von Hochzeiten spezialisiert haben oder die urige Holzhütte mit Stube und Stockbetten für ein gemeinsames Wochenende in der Natur mit den engsten Freunden und Familienmitgliedern: Am Berg gibt es einige Regeln, die man als Brautpaar und Gast beachten muss, aus Rücksicht auf die Natur und die eigene Sicherheit. Das gilt für reguläre Wanderausflüge und erst recht für eine Tour und geplante Feierlichkeiten in einer Gruppe.

133

Denn bei all den Feierlichkeiten, der Aufregung und der Planung darf man nicht vergessen, dass es sich auch bei den »kleineren« Hausbergen um die bayerischen Alpen handelt, ein gewaltiges Naturschutzgebiet, Lebensraum für zahlreiche Tiere und Pflanzen, das dem Menschen nur zu einem Bruchteil zugänglich ist. Der Deutsche Alpenverein (DAV), der bereits 1869 gegründet worden ist und inzwischen über eine Million Mitglieder zählt, ist die erste Anlaufstelle, wenn es um den alpinen Raum, Bergsport, Touren und Hütten geht. Er liefert News, Hintergrundwissen und wichtige Hinweise, zum Beispiel zum richtigen Verhalten in den Bergen.

GESUNDHEIT

Bergwandern ist Ausdauersport. Die Belastung für Herz und Kreislauf setzt Gesundheit und eine realistische Selbsteinschätzung voraus. Man sollte Zeitdruck vermeiden und das Tempo so wählen, dass niemand außer Atem kommt. Wer keine längere Wanderung auf sich nehmen möchte, klärt also lange im Vorfeld ab, ob Lifte, Gondeln oder ein wirtseigener Shuttle zur Hütte genutzt werden können.

SORGFÄLTIGE PLANUNG

Wanderkarten, Führerliteratur, Internet und Experten informieren über Länge des zurückzulegenden Weges, Höhendifferenz, Schwierigkeit und die aktuellen Verhältnisse. Hüttenlage und Tour sollten immer individuell auf die Gruppe abgestimmt werden.

BESONDERS WICHTIG: DER WETTERBERICHT,
DA REGEN, WIND UND KÄLTE NICHT NUR DIE
LAUNE TRÜBEN, SONDERN AUCH DAS
UNFALLRISIKO ERHÖHEN.

VOLLSTÄNDIGE UND ANGEMESSENE AUSRÜSTUNG UND KLEIDUNG

Im Kleid und mit Brautschuhen den Berg hinauf? Auf diese Idee kommen vermutlich die wenigsten. Aber selbst wenn der Weg nur wenige Meter von einem Lift bis zur Hütte geht, sollte man ihn sich vorher genau ansehen. Ein verstauchter Knöchel kann einen schönen Aufenthalt schnell platzen lassen! Besser: direkt vor Ort umziehen. Kleidung und Ausrüstung sollte grundsätzlich gut überlegt werden. Was kommt mit auf den Berg? Was lässt sich auf die anderen Gäste verteilen? Ein geringes Rucksackgewicht ist je nach Hüttenlage essenziell! Mit dabei sollte immer ein Regen-, Kälte- und Sonnenschutz sein sowie ein Erste-Hilfe-Paket, Wanderkarte und Mobiltelefon.

AUF TRITTSICHERHEIT ACHTEN

Der eben genannte verstauchte Knöchel, Stürze als Folge von Ausrutschen oder Stolpern sind die häufigsten Unfallursachen. Auch im gut zugänglichen Bergrestaurant sollte man beachten, dass hohes Tempo, Müdigkeit und natürlich auch der Konsum von Alkohol die Trittsicherheit und Konzentration stark beeinträchtigen.

AUF MARKIERTEN WEGEN BLEIBEN

Eine unberührte Blumenwiese, voll von bunten Blüten oder ein imposanter Felsvorsprung mit Blick auf das fürstliche Bergmassiv verlocken zu einer einzigartigen Fotoaufnahme? Besser nicht! Zum einen steigt im weglosen Gelände das Risiko für Orientierungsverlust, zum anderen ist die Natur unberechenbar und der schönste Ausblick kann Absturz oder Steinschlag zur Folge haben. Häufig unterschätzt und sehr gefährlich: steile Altschneefelder!

KLEINE GRUPPEN

Eine große Feier am Berg? Wenn die Hütte keine touristische Destination mit entsprechender Erreichbarkeit und Logistik ist, keine gute Idee! Intime Berghochzeiten sind nicht umsonst meist auf einen sehr kleinen Personenkreis beschränkt und oft als Elopements, also als eine Verlobung nur zu zweit, geplant. Kleine Gruppen gewährleisten Flexibilität und ermöglichen gegenseitige Hilfe. Vorab wichtig: mit vertrauten Personen über Ziel, Route und Rückkehr sprechen. Und Achtung Alleingänger: Bereits kleine Zwischenfälle können zu ernsten Notlagen führen!

RESPEKT FÜR NATUR UND UMWELT

Die Berge sind ein artenreicher Naturraum und als Besucher ist man in der Pflicht, diesen zu erhalten und zu schützen. Das bedeutet: Keine Abfälle zurücklassen, Lärm vermeiden, auf den Wegen bleiben, Wild- und Weidetiere nicht beunruhigen, Pflanzen unberührt lassen und Schutzgebiete respektieren. Zur Anreise öffentliche Verkehrsmittel verwenden oder Fahrgemeinschaften bilden. Auch wenn größere Hüttenwirtschaften scheinbar alles ermöglichen: Was auf den Berg kommt, muss auch wieder vom Berg herunter. Brautpaare sollten im Sinne der Nachhaltigkeit auf opulente Dekoration so weit es geht verzichten.

TAKE NOTHING BUT PICTURES AND MEMORIES,
LEAVE NOTHING BUT FOOTPRINTS!

STYLED SHOOTING SPECIAL:
ROMANTISCH & GEMÜTLICH IN DEN BERGEN

Der Sommer und die Berge rufen, die Hochzeitssaison ist losgegangen, Almwiesen stehen in voller Blüte. Morgens ist die Luft klar und noch kühl, mittags sucht man schon Schutz vor der Wärme im Schatten, mit Blick auf Kämme und Gipfel. Von irgendwoher hört man das Läuten der Kuhglocken. Eine laue Brise lässt bunte Wimpel und Tischdecken wehen, die Gäste und Brautpaar sind entspannt, es wird angestoßen und gelacht ...

Das Shooting, das Andrea und Jessica von der »Mia Zwoa« mit regionalen Dienstleistern konzipiert und umgesetzt haben, fängt genau diese Leichtigkeit, Einfachheit, Unbeschwertheit und Lebensfreude ein. Zarte Blush- und Pfirsichtöne bilden die Farbgrundlage und steigern sich in ein kräftiges Korallenrot. Eine Farbkombination, die sommerlich und romantisch ist, perfekt zum bayerisch-rustikalen Vintage-Stil passt und ganz ohne Kitsch auskommt. Als Kontrast dient Navy Blue, ein dunkles Blau, das in einzelnen Elementen immer wieder auftaucht und der Hochzeit auch einen anspruchsvolleren, erwachseneren letzten Schliff verpasst.

Regionale Dienstleister

Konzept & Umsetzung
Jessica Peter &
Andrea Bauer,
»Mia Zwoa«-Messe

Fotografie
Stephanie
Smutny Fotografie

Floristik
Edelweiß Floristik

Dekoration
»Mia Zwoa« &
Edelweiß Floristik

Konditorei
Konditor Schapperer

Haare & Make-up
Degler

Brautmode & Schuhe
Die Hochzeitskleiderin

Outfit Bräutigam
Echter Herrenmode

Dirndl & Tracht
Trachtenstube Inge

Papeterie
Papeterie Herzenssache

Schmuck
Goldschmiede Fiedler

Freie Traurednerin
LiebesJa

Location
Gamsalm Ehrwald

FLITTERN
ZWISCHEN MÜNCHEN
UND DEN ALPEN

Irgendwann ist er vorbei, dieser eine schönste Tag im Leben. Man steigt in ein Taxi oder zieht sich in die Brautpaarsuite zurück, der DJ packt sein Equipment zusammen, die Trauzeugen verpacken die Geschenke und die Tanzfläche leert sich ... Es war ein rauschendes Fest oder eine tolle intime Zeit mit den engsten Freunden und Familienmitgliedern. Und dann atmet man als Brautpaar kurz durch, nimmt sich an der Hand – und denkt vielleicht schon an die Flitterwochen.

Während früher nach den Feierlichkeiten Braut und Bräutigam in ein mit Dosen behangenes Auto stiegen und direkt zum Flughafen fuhren, um einen Flug in die Karibik anzutreten, macht sich seit einiger Zeit ein Trend im Reiseverhalten junger Paare bemerkbar: Weg von sofortigen Flitterwochen, hin zu entspannten, ersten Flittertagen. Aber was genau ist das?

Die Flitterwochen sollen oft eine einmalige Reise sein – besonders ausgefallen, weit weg oder luxuriös. Der Reiselust der Paare ist keine Grenzen gesetzt! Aber sofort nach der aufwendigen Hochzeitsplanung los? Und was, wenn die Reisezeit nicht passt oder das Budget nach der Feier erstmal nicht reicht?

Flittertage geben Frischvermählten die Ruhe und den Raum, den sie brauchen, um die ersten, aufregenden Tage als Brautpaar zu genießen, in Erinnerungen an den großen Tag zu schwelgen und nach den meist arbeitsintensiven Wochen auch etwas Abstand zu gewinnen. Einfach ins Auto oder mit einem Weekender in den Zug steigen und losfahren. Es geht darum, sich zu verwöhnen und auf diese Art und Weise noch ein bisschen länger zu feiern, sich gemeinsamen Aktivitäten und Gesprächen hinzugeben und einfach nur die Zweisamkeit in all ihren Facetten auszukosten, ohne sofort in den Alltag zurückkehren zu müssen.

BEI FLITTERTAGEN GEHT ES UM DAS HERUNTERKOMMEN VOM TRUBEL, ANKOMMEN IN DER FRISCHEN, NEUEN, GLÜCKLICHEN EHE UND GENUSS MIT ALLEN SINNEN.

Zahlreiche Hotels in Bayern haben sich auf junge Paare und ihre Bedürfnisse eingestellt. Instagrammable darf es natürlich schon gerne sein, aber das bedeutet lediglich die Abkehr vom Mainstream und hin zur Konzeption von Hotels, deren Arbeit bis ins Detail stimmt. Sie bieten Erholung, kulinarische Highlights, modern ausgestattete Zimmer, abwechslungsreiche Aktivitäten und hochwertige Spa-Landschaften. Wer regional übernachtet, lernt auch die schönsten Seiten der eigenen Heimat kennen – oft geben die Hotels Einblick in ihre Familiengeschichte, erzählen etwas zum Architekten und lokalen Bauträgern, präsentieren die schönsten Produkte und besten lokalen Lebensmittel, oftmals aus eigener Herstellung. So kann der Kurztrip mit allen Sinnen genossen werden.

~ ~ ~

~ ~ ~

»BACHMAIR WEISSACH SPA & RESORT«
(TEGERNSEE, DEUTSCHLAND)

2018 erst eröffnete das Traditionshaus am Tegernsee mit neuem, durchdachtem Design und Konzept. Auf verliebte Gäste warten nicht nur geräumige, gemütliche Zimmer und Suites. Das Mizu Onsen Spa (Adults only!) greift natürliche, japanische Wellnesselemente auf und überzeugt durch Außenbecken, $0°C$ und $40°C$, Onsen, Saunalandschaft und eleganten Ruheräumen, in denen Paare es sich in kuscheligen Daybeds zu zweit gemütlich machen können. Da das Hotel am Tegernsee liegt, ist einiges an Programm geboten: Hier kann man Reiten, Kayakfahren, Yoga machen, jeden erdenklichen Winter- und Sommersport ausüben. Und wer nach einem langen Tag ein romantisches Abendessen möchte, muss hierfür das Haus nicht mehr verlassen. Kulinarik wird hier großgeschrieben: Neben dem Gasthof, der traditionelle Gerichte und neue Interpretationen anbietet, sowie der eigenen »Fondue-Stube« für

gesellige Abende, befindet sich im Haus das »Mizu Sushi Restaurant«, das nicht nur bei Hotelgästen beliebt ist.

ENTFERNUNG VON MÜNCHEN: 57 KILOMETER
PREIS P.P./P.N.: AB 130 EURO

»ALMDORF REITERALM« (PICHL BEI SCHLADMING, ÖSTERREICH)

Für Paare, die es gemütlich und privat mögen, sind die Chalets im »Almdorf Reiteralm« einfach perfekt. Es gibt Zimmer, Suiten und Chalets in verschiedensten Größen und Kategorien. Wer möchte, kann sich selbst versorgen oder bucht eine Halbpension dazu. Der Wellnessbereich im »Almhotel Edelweiss« kann mitbenutzt werden, aber den meisten Paaren reicht eine heiße Badewanne, die eigene private Sauna und eine Flasche Wein vor dem Kamin.

ENTFERNUNG VON MÜNCHEN: 217 KILOMETER
PREIS P.P./P.N.: AB 80 EURO

»WELLNESSGARTEN« (WAGING, DEUTSCHLAND)

Wer viel Wert auf eine kleine, familiäre Atmosphäre legt, wird in der Wellnessoase in Waging am See gut aufgehoben sein. Umgeben von zahlreichen Saunen, Dampfhöhlen und Ruheräumen, sind das Herzstück des Gartens zwei Naturschwimmteiche. Inmitten von Seerosen und Schilf lässt es sich hier wundervoll entspannen, im Winter wird zum Abkühlen ein Loch in die Eisdecke gefräst – denn beheizt wird das Becken nicht. Dafür gibt es dann warme Betten im Außenbereich! Daran angeschlossen sind das Restaurant und Hotel. Das Gartenzimmer bietet für verliebte Paare einen eigenen Zugang zum Naturpool, wie man es von Südostasiatischen Hotelvillen kennt.

ENTFERNUNG VON MÜNCHEN: 120 KILOMETER
PREIS P. P./P. N.: AB 95 EURO

»DAS TEGERNSEE« (TEGERNSEE, DEUTSCHLAND)

Der Klassiker am Klassiker! Das Hotel verzaubert mit seiner Lage leicht oberhalb des Sees und bietet von Restaurant, Spa und Zimmern eine grandiose Aussicht auf die Hausberge. Ganze fünf miteinander verbundene Häuser gehören zum Hotel, in jedem sind die Zimmer eine eigene Wohn- und Designwelt. Besonders schön ist die »Alpenbrasserie«, ein konzeptionelles Restaurant, Kaminlounge, Weinstube und Bar. Wer möchte, kann hier auch eine elegante Hochzeit feiern: Das Haus verfügt im geschichtsträchtigen Sengerschloss über einen festlichen Barocksaal.

ENTFERNUNG VON MÜNCHEN: 52 KILOMETER
PREIS P. P./P. N.: AB 200 EURO

»SILENA« (VALS, BOZEN, ITALIEN)

2018 eröffnete auch das »SILENA, the soulful hotel« neu und lockt seitdem mit einem detaillierten, stimmigen, gemütlichen Industriekonzept junge Paare nach Bozen. Das Haus wurde bis 2017 als »Moarhof« von Familie Mair geführt und von ihren Kindern übernommen. Der Umbau zum Design- und Architekturmeisterstück inmitten der Natur auf über 1500 Metern Höhe kann sich sehen lassen. Das ganzheitliche Wohlfühlkonzept greift auf drei Ebenen: Sport & Ernährung, Literatur & Kreativität, Spiritualität & Begegnung. Zahlreiche kostenlose Aktivitäten laden zum Mitmachen ein, von Yoga und Barfußwanderungen bis hin zu Duftmeditation, Wintersportarten und Wanderungen. Ein zweistöckiges Spa bietet Panoramasaunen und Infinitypool. Die von Feng-Shui und der heimischen Moorlandschaft inspirierte, organische Inneneinrichtung verleiht Zimmern und Suiten durch den Einsatz von viel Stein, Betonelementen, geschwungenen Holzdecken und mit Blättern bedruckten Glaswänden einen großen Hauch von Luxus.

ENTFERNUNG VON MÜNCHEN: 248 KILOMETER
PREIS P. P./P. N.: AB 140 EURO

»DAS RÜBEZAHL« (SCHWANGAU, DEUTSCHLAND)

Eine Suite mit Kamin, Whirlpool im Zimmer und Blick auf Schloss Neuschwanstein – wenn das keine Einladung für romantische Flittertage ist! Das familiengeführte Traditionshaus ist über ein halbes Jahrhundert alt und schreibt »Verwöhnen, Entspannen & Genießen« ganz groß. Individuell bestellbare Kissen für das Hotelbett (zum Beispiel gefüllt mit Kräutern), ein eigener Likör des Hauses (das »Elixir Rübezahl«), fein abgestimmte Menüs und Schmankerl, eine Panoramasauna hin zu den Bergen und ein separater Whirlpool neben dem Außerbecken machen den Aufenthalt individuell und persönlich.

ENTFERNUNG VON MÜNCHEN: 128 KILOMETER
PREIS P. P./P. N.: AB 140 EURO

»HUBERTUS ALPIN LODGE« (BALDERSCHWANG, DEUTSCHLAND)

Tradition und Moderne, die unaufgeregte Beschaulichkeit eines Bauerndorfes und das hochwertige Ambiente und Angebot des Hotels fusionieren hier zu einem stimmigen Gesamtkonzept. »FeinGast trifft ZeitGeist. Zufluchtsort. Lieblingslodge. Kaum Hotel. Eher Zuhause.« Der holistische Ansatz und das Thema Achtsamkeit stehen hier an erster Stelle. Die Küche vereint Allgäuer Traditionsgerichte mit modernen Kochrichtungen aus aller Welt. Yogakurse, Workshops, Retreats und individuell abgestimmte Spa-Anwendungen runden das Angebot für Paare ab, die auf der Suche nach Genuss für Körper und Geist sind. Im Januar 2019 wurde das Hotel von einer großen Lawine direkt getroffen, verletzt wurde zum Glück niemand, aber die Schneemassen rissen Hausteile mit und drangen bis in das zweite Stockwerk vor. Durch tatkräftige Unterstützung der Rettungskräfte, der Dorfgemeinschaft und auch der Mitarbeiter und Gäste geht es weiter. Im März eröffnete man zum Teil neu, für die Wintersaison 2019/2020 wird der Spa-Bereich bereits wiederaufgebaut.

ENTFERNUNG VON MÜNCHEN: 128 KILOMETER
PREIS P.P./P.N.: AUF ANFRAGE

DESIGNHOTEL »WIESERGUT« (HINTERGLEMM, ÖSTERREICH)

Nur 24 Zimmer machen das »WIESERGUT« zu einem kleinen, sehr feinen Boutiquehotel mit viel Privatsphäre für junge Paare, die legeren Luxus lieben. Besonders Liebhaber von skandinavischem, puristischem Design finden hier was fürs Auge! Zeitgleich wirken Spa-Bereich, Zimmer und Suiten persönlich, warm und einladend und auf die Gäste warten Alpenpanorama, freistehende Badewanne und Kamin. Bekannt ist das Hotel aber nicht nur für seine Innenarchitektur, sondern auch für die gute Küche und ihren regionalen Slowfood-Charakter. Die Zutaten kommen aus der eigenen Landwirtschaft.

ENTFERNUNG VON MÜNCHEN: 188 KILOMETER
PREIS P.P./P.N.: AB 180 EURO

Hotel Wiesergut, Foto von Harri Pulko

»DAS.GOLDBERG« (BAD HOFGASTEIN, ÖSTERREICH)

Das Design-, Wellness- und Sporthotel liegt auf einer Anhöhe über Bad Hofgastein und bietet im Winter einen perfekten Zugang zu Skipisten und im Sommer wundervolle Wander- und Ausflugsmöglichkeiten. Ganzjährig begeistert der Infinitypool mit Ausblick ins Tal und die Wellnesslandschaft mit echten Steingrotten und Zirbenholzräumen. Auch die Küche überzeugt mit geräucherten Spezialitäten aus dem eigenen Fischteich, einer Brotmanufaktur und Obst für Marmeladen sowie Kräutern, die im eigenen Garten angebaut werden. Neben den Standarddoppelzimmern gibt es für Paare die »SPA.Suites«, unter anderem mit Kaminfeuer, freistehender Badewanne, einer eigenen Sauna und dem dazugehörigen Zirbenholzruheraum, sowie einem Hot Tub im Freien. Das »SPA.Chalet« erstreckt sich auf zwei Etagen und bietet zusätzlich das Hotelbett unter einem Glasdach und eine eigenen Terrasse mit Blick ins Tal – für das perfekte, romantische Get-away.

ENTFERNUNG VON MÜNCHEN: 218 KILOMETER
PREIS P.P./P.N.: AB 130 EURO

»DAS GRASECK« (GARMISCH-PARTENKIRCHEN, DEUTSCHLAND)

Ein richtiges Mountain Hideaway ist das Hotel »Das Graseck«. Ruhe und Gesundheit stehen hier im Fokus. Es bietet ein wunderschönes Panorama aus den Zimmern, Suites, Restaurants und dem Spa-Bereich (unter anderem mit Hängeliegen zum Entspannen) und der Zugang zum Hotel ist nur mit der hauseigenen Gondel möglich! Liebhaber von Wein und Bier kommen in der Weinlounge auf ihre Kosten: Zur Verköstigung kann man auch gleich ein Abendessen mitbestellen, zum Beispiel Fingerfood mit Bavaria Blue, Wildschweinschinken, hausgebeiztem Lachs und Rindertartar zum Bier. Und neben der altbekannten Weinauswahl aus Italien oder Spanien gibt es eine Übersee-Degustation, begleitet von Kudu-Ragout und Süßholzparfait.

ENTFERNUNG VON MÜNCHEN: 92 KILOMETER
PREIS P.P./P.N.: AB 125 EURO

»NATURHOTEL FORSTHOFGUT« (LEOGANG, ÖSTERREICH)

»Einfach ankommen. Glücklich sein.« Mit diesen Worten begrüßt das Fünfsterne-Naturhotel mit 400-jähriger Geschichte seine Besucher. Vom »Kuschelnest« mit Echtholzböden bis hin zur Suite finden hier verliebte Paare bestimmt das Richtige für sich. Das »waldSPA« mit 3800 Quadratmetern bietet von der Natur inspirierte Anwendungen, Saunen und Poollandschaften und 2018 wurde das Hotel vom Magazin »GEO REISEN« zum schönsten Wellnesshotel Europas gekürt. Außergewöhnlich ist auch

das Küchenkonzept des Hauses: Auf dem hauseigenen Genussmarkt werden im Hotel selbst regionale Speisen mit Produkten der umliegenden Höfe zubereitet und präsentiert. Essen entdecken mit allen Sinnen steht hier an der Tagesordnung.

ENTFERNUNG VON MÜNCHEN: 155 KILOMETER
PREIS P. P. / P. N.: AB 140 EURO

Fotos von Naturhotel Forsthofgut, Leogang

149

Das »Dorfbad Tannermühl« bei Bayerischzell, am Fuß des Wendelsteins, mag zwar den Einheimischen vor Ort ein Begriff sein, ist aber den meisten außerhalb der Region vollkommen unbekannt. Dabei ist der Ort ein echtes Naturjuwel und einzigartiges Wellnesserlebnis! Eingekeilt am Ende einer Klamm kann man hier saunieren, die Natur genießen und in einer Badewanne direkt an einem 8 Meter hohen Wasserfall entspannen, während man mit einem Glas Champagner anstößt! Natürlich kann man nach dem Saunagang direkt in einen Naturpool am Wasserfall selbst tauchen, sich eine Massage gönnen oder sich in einen Ruheraum mit Feuerstelle zurückziehen. Natürlicher und schöner geht es kaum.

DAS ALMBAD UND DIE UMLIEGENDE NATUR
BIETEN DEN PERFEKTEN RÜCKZUG VON DEN
VORANGEGANGENEN ANSTRENGENDEN WOCHEN
UND TIEFENENTSPANNUNG FÜR EINEN TAG ALS
FRISCHGEBACKENES BRAUTPAAR.

Fotos von Almbad Tannermühl / Daniel Roos Fotografie

ICH WÜNSCHE ALLEN BRAUTPAAREN
EINE AUFREGENDE, BESONDERE ZEIT DER
VERLOBUNG, DER PLANUNG UND DER VORFREUDE.
MAN SAGT, DIE HOCHZEIT SEI DER SCHÖNSTE TAG
IM LEBEN UND DAS STIMMT. ICH KANN JEDOCH
AUCH SAGEN: DARAUF FOLGEN NOCH ZAHLLOSE
SCHÖNSTE TAGE MEHR.
DIE HOCHZEIT IST NUR DER ANFANG!

ALLES GUTE

Julia Strziga

ANHANG

DIENSTLEISTERVERZEICHNIS

Alle im Buch genannten Dienstleister, Unternehmen, Hotels und Produkte können hier entsprechend ihrer Kategorie nachgeschlagen werden. Die Namen sind innerhalb der Kategorie alphabetisch sortiert. Detailinformationen wie Anfahrt und Preise können auf den jeweiligen Websites tagesaktuell eingesehen werden.

Schneller die Informationen finden, die man braucht? Jetzt über das Smartphone den QR-Code einscannen und direkt auf das mobile Dienstleisterverzeichnis kommen. Dort können die Websites durch einen Klick direkt aufgerufen werden!

BERGHÜTTEN

Almbad Huberspitz
www.almbad.de/huberspitz
Huberspitzweg 1,
83734 Hausham

Almbad Sillberghaus
www.almbad.de/sillberghaus
Tiroler Straße 70,
83735 Bayrischzell

Berghütte Bärenfalle
https://berghuette-baerenfalle.com
Ratholz 24, 87509 Immenstadt im Allgäu

Bischofer Alm
www.bischoferalm.com
Ausserbischofen 131,
A-6236 Alpbach, Österreich

Brenneralm
www.brenneralm.at
Hausberg 8,
A-6352 Ellmau, Österreich

Der Moarhof
www.moarhof-samerberg.de
Roßholzen 1, 83122 Samerberg

Gamsalm Ehrwald
www.gamsalm-ehrwald.at
A-6632 Ehrwald, Österreich

Obere Maxlraineralm
www.obere-maxlraineralm.de
83727 Schliersee, Spitzingsee

Sportheim Böck
www.nesselwang.de
Alpspitzweg 50, 87484 Nesselwang

Wannenkopfhütte
www.wannenkopfhuette.de
Paßstraße 8, 87538 Obermaiselstein

WuhrsteinAlm
www.wuhrsteinalm.de
Wuhrstein 17, 83259 Schleching

BRAUT- UND BRÄUTIGAMODE

Echter Herrenmode
www.echter-mode.de

Flamenco Brautmoden
www.flamenco-munich.de
Trautenwolfstraße 5, 80802 München

Happy Brautmoden
www.happy-brautmoden.de
Holzstraße 30, 80469 München

Haus der Braut
www.hausderbraut.de
Hauptstraße 2–4, Haag in Oberbayern

Die Hochzeitskleiderin
www.diehochzeitskleiderin.de
Postgasse 3–5, 82418 Murnau am Staffelsee

HEY LOVE Bridal Concept Store
www.hey-love.de
Liebherrstraße 10, 80538 München

Juliful Bridal Couture
www.juliful.de

Küssdiebraut
www.kuessdiebraut.de

Lilly Ingenhoven
www.lillyingenhoven.com

Oh Oui
www.ohoui-munich.com
Baaderstraße 15,
80469 München

SAY YES Munich
www.sayyesmunich.de
Max-Weber-Platz 8a, 81675 München

Perlenweiss
www.perlenweiss.com
Bahnhofsallee 13,
86438 Kissing

SILK & HONEY Couture Atelier
www.silkandhoney.de

STELLEENA
www.stelleena.de

BARS, CAFÉS & RESTAURANTS

Alles Wurscht
https://www.alles-wurscht.com/
Nikolaiplatz 3, 80802 München

Alte Utting
www.alte-utting.de
Lagerhausstraße 15, 81371 München

Bar Ludwig II
www.diehoflieferanten.de/locations/
bar-ludwig-2
Hochstraße 77, 81541 München

Café Glockenspiel
www.cafe-glockenspiel.de
Marienplatz 28, 80331 München

Café Marais
www.cafe-marais.de
Parkstraße 2, 80339 München

The Drunken Dragon Bar
www.thedrunkendragonbar.de
Müllerstraße 51, 80469 München

Juliet Rose Bar
www.julietrosebar.com
Rosenheimerstraße 15, 81667 München

Konsulat
https://konsulat.business.site
Herkomerplatz 1a, 81679 München

LAX Eatery
www.lax-eatery.com
Neureutherstraße 1, 80799 München

Nana meze & wine
www.nana-muenchen.de
Metzstraße 15, 81667 München

Neni München
www.nenimuenchen.de
Bahnhofplatz 1, 80335 München

Occam Deli
http://occamdeli.com
Feilitzschstraße 15, 80802 München

Ruffini
www.ruffini.de
Orffstraße 24, 80637 München

Victorian Tea House
www.victorianhouse.de
Frauenstraße 14,
80469 München

DACHTERRASSEN

KARE Kraftwerk
www.diekuecheimkraftwerk.de/feiern
Drygalski-Allee 25, 81477 München

Blue Spa Bayerischer Hof
www.bayerischerhof.de
Promenadeplatz 2-6, 80333 München

MS Weitblick
www.ms-weitblick.de
Sapporobogen 6, 80637 München

MÜNCHEN HOCH5
www.muenchenhoch5.de
Atelierstraße 10, 81671 München

M'Uniqo im Andaz München
www.hyatt.com/de-DE/hotel/germa-
ny/andaz-munich-schwabinger-tor/
mucaz/dining
Leopoldstraße 170, 80804 München

The Terrace Mandarin Oriental
www.mandarinoriental.de/munich
Neuturmstraße 1,
80331 München

DEKORATION & VERLEIH

Makrameekunst
www.makrameekunst.de

My Pretty Wedding
www.myprettywedding.de

NIMMPLATZ
www.nimmplatz.com

Rent-A-Tipi
www.rent-a-tipi.de

TIPIYEAH Hochzeitsdekoration Verleih
www.tipiyeah-wedding.com

FLORISTIK

Blumenstil
www.blumenstilmuenchen.de

Das Blumenfenster
www.blumenfenster-dachau.de

Edelweiß-Floristik
www.edelweissfloristik.de

Mohnblume Kissing
www.facebook.com/MohnblumeKissing

Tischerie
www.tischerie.de

FOTOGRAFIE

Coco Gonser Photography
www.cocogonserphotography.com

Enns-Fotografie
www.enns-fotografie.de

Irina and Matej
www.irinaandmatej.com

Josée Lamarre Photographie
www.joseelamarre.de

Lilly Karsten Photography
www.lillykarsten-fotografie.de

Melanie Wirth Photodesign
www.melaniewirth-photodesign.de

Miriam Kuschel Fotografie
www.kuschel-fotografie.de

Moira Rutschmann Fotografie
www.moira-rutschmann.de

Jung und Wild design
www.jungundwild-design.de

MOKATI Fotos und Film OHG
www.mokati.de

Stephanie Smutny Fotografie
www.foto-smutny.de

Stories by Toni
www.storiesbytoni.com

Tom & Jezz Fotografie
www.tomundjezz.de

Wild Soulmates
www.wildsoulmates.com

GASTGESCHENKE

AROMA Kaffeebar
www.aromakaffeebar.com
Pestalozzistraße 24, 80469 München

Bioteaque
www.bioteaque.de

Chiemgaukorn
www.chiemgaukorn.de

Der Dantler
www.derdantler.de

EdelSalz
www.edel-salz.com

I WANT YOU NAKED
www.iwantyounaked.de

Looops Kerzen
www.looopskerzen.at

nearBees
www.nearbees.de

schmatz. Naturkost
www.schmatz-naturkost.de

Slyrs
www.slyrs.de

HAIR, MAKE-UP & BEAUTY

AIYASHA medical spa
www.aiyasha-spa.de
Perusastraße 5, 80333 München

beautery Munich
www.beautery-munich.com
Römerstraße 14, 80801 München

Bride Side
www.bride-side.de

Degler
www.degler.at

Getting Ready
www.gettingready.de

Johanna Wild Hair & Makeup Artist
www.johanna-wild.com/

HOCHZEITSPLANER & TRAUREDNER

Martina Anders
www.instagram.com/martinaanders_
hochzeitsplaner

Christina Spieß von Mrs. Right
www.mrsright-muenchen.de

Elke Weiß von HeimatHochzeit
www.heimathochzeit.de

LiebesJa
www.liebesja.com

HOTELS & WELLNESS

Dorfbad Tannermühl
www.almbad.de/tannermuehl
Tannermühlstraße 23,
83735 Bayrischzell

Almdorf Reiteralm
www.almdorf-reiteralm.at
Preunegg 66, A-8973 Pichl bei
Schladming, Österreich

Bachmair Weissach Spa & Resort
www.bachmair-weissach.com
Wiesseer Straße 1,
83700 Rottach-Egern

Bröselalm /Berghotel Sudelfeld
www.berghotel-sudelfeld.de
Unteres Sudelfeld 4,
83735 Bayerischzell-Sudelfeld

DAS.GOLDBERG
www.dasgoldberg.at
Haltestellenweg 23,
A-5630 Bad Hofgastein, Österreich

Das Graseck
www.das-graseck.de
Graseck 4,
82467 Garmisch-Partenkirchen

Das Rübezahl
www.hotelruebezahl.de
Am Ehberg 31, 87645 Schwangau

Das Tegernsee
www.dastegernsee.de
Neureuthstraße 23,
83684 Tegernsee

Naturhotel Forsthofgut
www.forsthofgut.at
Hütten 2,
A-5771 Leogang, Österreich

HUBERTUS Alpin Lodge & Spa
www.hotel-hubertus.de
Dorf 5, 87538 Balderschwang

SILENA, the soulful hotel
www.silena.com
Birchwaldweg 10,
I-39037 Vals, Südtirol, Italien

Wellnessgarten
www.wellness-hotel-tennis.de
Am See 9, 83329 Waging am See

WIESERGUT
www.wiesergut.com
Wiesern 48,
A-5754 Hinterglemm, Österreich

KONDITOREI, NASCHWERK & CATERING

Alexa von Harder
www.alexavonharder.com
Ismaninger Straße 50
81675 München

Kombüse Catering
www.kombuese-catering.de

Konditor Schapperer
www.baeckerei-schapperer.de

Kuchentratsch
www.kuchentratsch.com

Spindler&Malburg
www.spindler-malburg.de
Hohenlindner Straße 2,
85622 Feldkirchen

sweetDIVA
www.sweetdiva.de

LOCATIONS

Alte Spinnerei
www.events-altespinnerei.de
An der Alten Spinnerei,
83059 Kolbermoor

Blueland
www.blueland.de
Boschetstraße,
82441 Ohlstadt

Bootshaus am Tegernsee
www.bootshaustegernsee.de

Die Alte Gärtnerei
www.die-alte-gaertnerei.de
Tegernseer Landstraße 129,
82024 Taufkirchen

Dinzler Kaffeerösterei
www.dinzler.de
Wendling 15, 83737 Irschenberg

Fährhütte 14
www.faehrhuette14.de
Weißachdamm 50,
83700 Rottach-Egern

Feinkochwerk EATERY
www.feinkochwerk.de
Bahnhofstraße 4, 82229 Seefeld

Gut Sonnenhausen
www.sonnenhausen.de
Sonnenhausen 2, 85625 Glonn

Hasenöhrl-Hof
www.hasenoehrl.de
Geitau 5, 83735 Bayrischzell

Haus am See, Starnberger See
www.hausamsee-seeshaupt.de
St.-Heinricher-Straße 113,
82402 Seeshaupt

Langwieder See
www.langwiedersee.de
Kreuzkapellenstraße 89,
81249 München

Eibsee-Hotel
www.eibsee-hotel.de
Am Eibsee 1, 82491 Grainau

Hotel Opéra
www.hotel-opera.de
St.-Anna-Straße 10, 80538 München

Kirchstett
www.kirchstett.de
Kirchstett 1, 84427 St. Wolfgang

Lenas am See
www.lenasamsee.de
Seestraße 10,
86919 Utting am Ammersee

Markus Wasmeier Freilichtmuseum
www.wasmeier.de
Brunnbichl 5, 83727 Schliersee

Pointnerhof
www.pointnerhof.de
Kronacker 15, 85664 Hohenlinden

Projekt Draussen
www.projekt-draussen.com
Schindergraben 1, 82544 Egling

Roberto Beach
www.robertobeach.de
Am Eventpark 20, 85609 Aschheim

Stemmerhof
www.stemmerhof.de
Plinganserstraße 6, 81369 München

Waldhaus zur alten Tram
www.waldhaus-tram.de
Riedweg 41,
82064 Straßlach-Dingharting

Wannda Circus
www.wannda.de
Völckerstraße 5, 80939 München

Weilachmühle
www.weilachmuehle.de
Am Mühlberg 5, 85250 Altomünster

Westerhof-Café im Stieler-Haus
www.westerhofcafe-im-stielerhaus.de
Seestraße 7, 83684 Tegernsee

MESSEN

»Mia Zwoa«
www.mia-zwoa.de

PAPETERIE

Avecarta
www.avecarta.com

Cards+Crafts
www.cardsandcrafts.de

Papeterie Herzenssache
Webseite noch im Aufbau

SCHMUCK, EHERINGE & GOLDSCHMIEDE

Goldschmiede Fiedler
www.goldschmiede-fiedler.de

Margaritifera
www.margaritifera.de

MARRYING
www.marrying.de
Theatinerstraße 32, 80333 München

Runde Ringe
www.runde-ringe.de
Thalkirchner Straße 14,
80337 München

STANDESÄMTER

Almbad Huberspitz
www.almbad.de/huberspitz
Huberspitzweg 1,
83734 Hausham

**Chiemsee, Altes Mesnerhaus,
Fraueninsel**
Gollenshausener Straße 1,
83254 Breitbrunn am Chiemsee

**Chiemsee, Bibliothekssaal im
Augustiner Chorherrenstift,
Herreninsel**
www.schloesser.bayern.de

**Das Jagdhaus Oberstdorf,
Blauer Salon**
www.das-jagdhaus.de/hochzeiten
Ludwigstraße 13, 87561 Oberstdorf

Standesamt Ismaning
www.ismaning.de
Schloßstraße 2, 85737 Ismaning

Kampenwand
www.kampenwand.de
An der Bergbahn 8,
83229 Aschau im Chiemgau

Standesamt Kaufbeuren
www.kaufbeuren.de
Kaiser-Max-Straße 1,
87600 Kaufbeuren

Künstlerhaus Gasteiger am Ammersee
www.utting.de/bildung-kunst-kul-
tur/kultur-und-museen/kuenstler-
haus-gasteiger
Eduard-Thöny-Straße 43, 86919 Utting

Standesamt Neues Rathaus München
www.muenchen.de
Marienplatz 8, 80331 München

Roseninsel Starnberger See
https://www.feldafing.de/index.php/
rathaus-feldafing/heiraten-in-feldafing

Museum Starnberger See
www.starnberg.de
Possenhofener Straße 5,
82319 Starnberg

Standesamt Schliersee
www.rathaus.schliersee.de
Rathausstraße 1,
83727 Schliersee

Wendelsteinhaus
www.wendelsteinbahn.de
Wendelstein 1,
83735 Bayrischzell

Wirsberg Hochzeitsdorf
www.wirsberg.de/hochzeitsdorf
Sessenreuther Straße 2,
95339 Wirsberg

TRACHT

Ninnerl Dirndl
www.ninnerl.de

Trachtenstube Inge
www.trachtenstube-inge.de

TRANSPORT

Apollo Oldtimer
www.oldtimerbus-mieten.events
Prinzregentenplatz 19,
81677 München

BRAUT

& BRÄUTIGAM MAGAZIN

WIR

heiraten

- WEIL WIR ES WOLLEN!

Mitmachen und gewinnen!

▶ www.brautmagazin.de/news/gewinnspiele

Alle Magazine auch zum Download auf: WWW.READLY.DE

WWW.BRAUTMAGAZIN.DE